LAS MEJORES CITAS DE PROVOCACIÓN

Grupo ROBIN BOOK
Barcelona - México
Buenos Aires

LAS MEJORES CITAS DE PROVOCACIÓN

CONTRA TODO Y CONTRA TODOS

ILUSTRACIONES SASKIA HUISKAMP

Samuel Red

coña fina

Diseño de cubierta e interior: Media Circus
Ilustraciones: Saskia Huiskamp
ISBN: 978-84-7927-780-2
Depósito legal: B-31.266-2008
Impreso por Limpergraf, Mogoda, 29-31 (Can Salvatella), 08210 Barberà del Vallès

Impreso en España - *Printed in Spain*

PRÓLOGO

No crea que es algo habitual, pasa mucho menos de lo que muchos creen, pero desde luego hay que admitir que pasa: de tanto en tanto uno abre la boca y suelta verdades como puños engalanadas con los mejores ropajes y hete aquí que se ve alzado de pronto al no siempre honorable frontón de los autores de citas célebres. De fácil nada; decir algo inteligente y relativamente profundo en apenas la extensión real de un mensaje de texto sms de cien caracteres (ojo, sin usar abreviaturas) no queda al alcance de cualquiera. Pruebe, pruebe.

Por lo general, como eternos idealistas, estos autores de «eslóganes literarios», de aforismos y píldoras doctrinales gustan de recrearse en los Grandes Conceptos, con mayúscula: los valores de la Humanidad, las alabanzas a la Amistad, los parabienes de la Esperanza y la Fe… Y menos mal que ahí están todos ellos para dejarnos sus perlas, capaces de traer amor al mundo, y paz, y armonía y… ¡Un momento! ¿Todos? ¡No! Un pequeño grupo de irreductibles cizañeros resiste ahora y siempre a las hordas de los bienintencionados armonizadores.

La única consigna está clara: contra todo.

Son algo así como el eterno vecino enfurruñado, pero con gracia, ironía y la inteligencia necesaria para resumir un buen ataque en una frase sencilla. En cualquier historia de buenos y malos ellos constituirían las fuerzas del Caos, pero mal que les pese a los amantes de la destrucción, en todo libro conviene un cierto orden, así que en éste encontrará estas minúsculas diatribas estructuradas por temas.

Como es lógico, muchos de esos temas y las frases con que éstos se abordan podrían resultar insultantes para quien así esté predispuesto a afrontarlos. En tal caso, no queda sino felicitar al autor, que habrá logrado salirse con la suya. Si espera un libro políticamente correcto es que erramos ya en el mismo título y antes de continuar pedimos disculpas y sugerimos que se replantee su lectura: tiene a su alcance una selección de las mejores citas y frases célebres encaminadas a repartir a diestro y siniestro, no se salva nadie, y antes o después (con total seguridad, en más de una ocasión entre las páginas 33 y 70), usted mismo terminará dándose por aludido. Aproveche para echar una carcajada ante la desfachatez, la desvergüenza o la grosería; no es otra pretensión la de estas páginas, y lo cierto es que con certeza encontrará la ansiada revancha en cualquier otro apartado de esta obra.

De todos modos, no crea el lector que los ataques están siempre dirigidos a víctimas indefensas, no hay nada como empezar por demostrar que hay quien se basta y se sobra para hundirse solito, y si no atento al bloque «Contra uno mismo» (o *Por la boca muere el pez*): después de leerlo, diga aún que no se merecen una respuesta a la altura.

Le siguen dos bloques en guerra perpetua: «Contra ellos» y «Contra ellas»; y luego un cuarto con la conclusión evidente: «Contra el matrimonio». Y es que si ellos son simples como el mecanismo de un botijo y sólo piensan en una cosa, y ellas o bien son unas arpías manipuladoras o bien son aún más tontas que sus parejas, ¿qué puede salir de bueno de esa unión? De hecho, ¿qué puede salir de bueno, dirán, de la unión marital de dos, sea cual sea su sexo? De entrada, grandes ataques.

Letras, farándula, música, deporte: ¿*bellas* artes algunas?, ¿grandes espectáculos otras?, ya verá como no todo el mundo está de acuerdo con esta idea… Ni la ciencia y sus secuaces se salvan de la quema. Aunque no son éstos los únicos a los que acosa el cizañero en su área laboral: le acompañan periodistas, juristas, galenos, funcionarios (¿ser funcionario es una *profesión*?, dirán), informáticos, políticos… Por seguir enumerando, ni Dios se salva (véase sino «Contra los dogmas de fe de las religiones y las verdades absolutas»). Tanto hay, que hemos tenido que inventar un último apartado a modo de cajón de sastre donde ubicar ataques difíciles de catalogar; por poner un único ejemplo: ¡cómo es posible que alguien tenga algo en contra de Papá Noel! (exceptuando a los Reyes Magos, por ende competencia directa y por tanto resentida).

Como última directriz deje que resaltemos algo: a diferencia de los libros de frases célebres al uso y en un ejercicio de contorsionismo apenas imaginable, en éste se dan cita (y se regalan citas) tan pronto Oscar Wilde como Lewis Hamilton; Truman Capote o Andy y Lucas; Albert Einstein o Jiménez Losantos; Winston Churchill o Alaska. Pero ni siquiera con el Caos de nuestro lado nos hemos animado a mezclar ayer y hoy sin orden ni concierto: la actualidad, con ataques directos y dando nombres y apellidos, queda recogida al final de varios de los apartados de este libro y no tiene desperdicio.

En resumen, le espera la mejor compilación del insulto inteligente y algo del más desaforado. ¿Preparado? ¡Al despotrique!

SHP
BLA BLA

1

CONTRA UNO MISMO

(O POR LA BOCA MUERE EL PEZ...)

Fumar mata. Si te mueres, has perdido una parte muy importante de tu vida.

Brooke Shields, actriz. Hay que reconocer que morirse es uno de los problemas importantes en la vida.

En el ámbito futbolístico soy el hombre más importante del mundo.

José María del Nido, presidente del Sevilla F.C. Sí, y Di Stefano, Pelé, Cruyff y Maradona son unos pelagatos, ¿no?

En dos años el problema del spam estará resuelto.

Bill Gates. Lo que no dijo es cuándo empezaría a contarlos.

Le tocó la lotería y ahora vive como un majará.

Isabel Pantoja, loca por la copla.

En 103 años de historia sólo hemos ganado 16 Ligas y una Copa de Europa, y la ganamos contra un equipo (Sampdoria) que ahora está en la Segunda División.

Joan Gaspart, ex presidente del F.C. Barcelona. Eso es amor al club que presides, sí señor.

Soy muy accesible, pero ambicioso, osado y prepotente pero todos esos adjetivos me han hecho triunfar y no voy a renunciar a ellos. Soy políticamente incorrecto pero no me preocupo por caer bien, sólo por hacer las cosas bien. Ante todo, mi prepotencia es sevillista.

José María del Nido. Si es que, claro, uno se hace del Sevilla F.C. y se le perdona todo, ¿no?

Con la popularidad que tengo podría ser Dios.

Jesús Gil. Si Dios quiere, se supone.

Linux es más económico que Windows.

Steve Ballmer, consejero delegado de Microsoft. Toda una novedad informativa.

La gente cree que soy el pato Donald, y que vivo en Disneylandia.

Antonio Banderas. Y todavía habrá quien piense que Melanie tiene cierto aire a Daisy…

Salida nula, señores.

María Antonia Martínez, periodista deportiva, al ver que los nadadores se dejan caer al agua antes de una carrera a estilo espalda.
No está claro si ella esperaba que se tiraran desde arriba de espaldas o haciendo un tirabuzón.

Esa sinvergüenza rastrera merece que un asno la mate a patadas… y yo soy justo la indicada para hacerlo.

Claudia Schiffer sobre Naomi Campbell.
Una burrada.

Siempre que veo la tele y veo esos pobres niños hambrientos en todo el mundo, no puedo evitar llorar. Quiero decir, me encantaría ser así de flaquita, pero no con todas esas moscas, y muerte, y esas cosas…

Mariah Carey, en un jardín mental, con flores y esas cosas.

Con el dinero de Real Betis Balompié hemos fichado al *buyoslago*.

Manuel Ruiz de Lopera, presidente del Real Betis, sobre un fichaje yugoslavo. Eso le pasó por irse a fichar jugadores a Chiquitistán.

No he cometido ningún delito. Lo que hice fue no cumplir con la ley.

Jennifer López al ser detenida, no por la policía, sino por unos señores de uniforme que detienen a los que no cumplen con la ley.

No es la contaminación la que está dañando el entorno. Son las impurezas en el aire y en el agua las que lo están haciendo.

Pamela Anderson, después de pasar varios días a pleno sol en la playa, vigilando…

640 k deberían de ser suficientes.

Bill Gates, en referencia a la cantidad de memoria RAM de los ordenadores personales. Hoy en día, hasta un reloj de pulsera tiene más capacidad de memoria.

Fue una operación a vida o muerte para instalarle el pai-pai.

Terelu Campos, haciendo propaganda de los nuevos transplantes con ventilación asistida.

Yo sí he pagado primas a terceros, ¿y qué?

Jesús Gil. Pues hombre, pasar no pasa nada, mientras no se entere nadie.

El problema de los virus es pasajero y durará un par de años.

John McAfee, informático, en 1988. ¿Se referiría a la gripe?

La *China,* para entendernos.

Federico Jiménez Losantos, en referencia a la viuda de Jamal Ahmidan, el Chino, implicado en el juicio del 11-M. Así se expresa un profesional de la información.

Hay que tener en cuenta que este coche ha sido muy evolucionado en el túnel del tiempo.

Jesús Fraile, sobre un Fórmula Uno. Es que los túneles de viento han evolucionado tanto que ven el futuro.

Leonor, la futura Reina de España… Bueno, eso será si no sale lesbiana, claro.

Federico Jiménez Losantos, haciendo amigos.

Franco es el Niño Jesús en el portal de Belén.

Fernández de Córdoba. Otro al que le ha dado mucho el sol.

Mi nombre es Linus, y yo soy tu dios.

Linus Torvalds. Otro al que se le ha reblandecido el cerebro de estar todo el día delante del ordenador.

Daremos un giro de trescientos sesenta grados al fútbol guatemalteco.

Diego Arzú, hijo del presidente de Guatemala Álvaro Arzú, al referirse al impulso que daría su administración al fútbol. Vamos, que lo que pensaba hacer era marearlo para dejarlo igual que estaba.

La aspirina fluorescente es más rápida y eficaz.

Terelu Campos. Es que actúa a la velocidad de la luz, por eso no hay que dejarla al alcance de los niños.

Este chico no llegará muy lejos, su estilo de conducción destroza los neumáticos.

Jesús Fraile, periodista, sobre Michael Schumacher en una de sus primeras carreras en F1. Casi acierta, el pobre. Schumacher sólo pudo ganar siete campeonatos del mundo de pilotos.

Si llega a entrar la pelota, es gol.

Míchel, ex jugador de fútbol del Real Madrid, comentando un partido en televisión. Y si a él le llegan a dar una colleja, retumba.

Estábamos al borde del abismo, pero hemos dado un paso hacia delante.

Franco. Una buena caída, sin duda.

Quiero asegurar que todo el que tiene un trabajo quiera un trabajo.

George Bush, en su primera campaña electoral. No es de extrañar que saliera elegido.

Éste es un gran día para Francia.

Richard Nixon, en el funeral del general De Gaulle. Metiéndose en charcos como éste, es normal que acabara en el Watergate.

Soy el hombre más perseguido de España.

Jesús Gil. No hay estadísticas que corroboren tal afirmación, ahora bien, si hubiera dicho el más bocazas...

He gastado mucho dinero en mujeres, coches y alcohol. El resto lo he despilfarrado.

George Best, jugador de fútbol. Seguramente faltó a clase el día que repartieron el manual de comportamiento del buen deportista.

La liga está adulterada.

Jaime Ortí, presidente del Valencia C.F. Ese año su equipo ganó la competición... y, claro, fue la última, porque la limpiarían, ¿no?

Es un bichito tan pequeño que si se cae, se mata.

Jesús Sancho Rof, ministro de Sanidad en 1981, sobre el síndrome de la colza. Es posible que lo dijera después de sufrir un fuerte golpe en la cabeza.

Franco era mi Dios.

Augusto Pinochet. Viendo quién lo dice, no hace falta añadir nada más.

Hay que hacer lo que hay que hacer, y para hacer lo que hay que hacer hay que pensar lo que hay que hacer.

Fernando Martín, jugador de baloncesto. ¿Qué hacemos?

Mis ídolos son Jesús, Franco y el Che Guevara.

Jesús Gil. Menuda empanada que tenía éste.

Están en *numerioridad supérica.*

Poli Rincón, ex futbolista, comentando un pardito de bútfol en el que el ártibro había expuldaso a un judagor.

Soy el nuevo opio de pueblo.

Jesús Gil. Quizás quería decir que era venenoso.

Me parece un jugador que se mueve, que está vivo.

Poli Rincón, en la Cadena Ser. La familia del jugador se quedó más tranquila al oír estas palabras.

El presidente del Sevilla es la segunda persona más importante del mundo, después del Papa.

José María del Nido, presidente del Sevilla F.C. ¿Qué tendrá el fútbol, que hace que se les vaya la cabeza de esta manera?

¿Defender? Que defiendan ellos.

Johann Cruyff, entrenador del F.C. Barcelona, antes de que el Racing de Santander les ganara por 5-0. No cabe duda de que sus jugadores le hicieron caso.

La demostración de que Franco fue superior a Napoleón, César, Alejandro, Carlomagno y Flash Gordon está al alcance de un niño.

Teniente Coronel Jesús Flores Thies.
Otro con una empanada considerable.

El ojo del balón lo ve todo.

Poli Rincón. Se supone que comentaba la aplicación de las nuevas tecnologías al arbitraje del fútbol, concretamente el «ojo de halcón» que se usa en el tenis, aunque a lo mejor se refería al «Gran Hermano».

[El balón] le ha dado en la coronilla del culo.

Poli Rincón. Los expertos aún se preguntan qué quiso decir.

¿Dónde está Dulce, en Cuba? ¿Por eso no ha venido?

Esperanza Aguirre a la madre de la escritora fallecida Dulce Chacón. No está mal, no, para ser ministra de Cultura. Con una boca de ese tamaño, ya se puede uno imaginar cómo se han hecho tantos kilómetros de Metro en Madrid. A bocao limpio.

Si tuviera que apostar le daría el cien por cien de posibilidades al Sevilla para ganar la Liga. El resto, para los otros equipos que pelean.

José María del Nido, presidente del Sevilla F.C. en 2007. La liga la ganó el Real Madrid. Como le dé por el juego, pierde hasta la camisa. O las muelas.

Nada más y nada menos que seiscientos mil inmigrantes apostados junto a la valla.

Federico Jiménez Losantos. Se debió de pasar más de una noche contando inmigrantes antes de comenzar la retransmisión. Un portento.

Yo, el problema de Gibraltar, lo solucionaba en cinco minutos, tirando la verja.

Jesús Gil. Lo que no dijo es si la tiraría de una embestida.

Soy peor que Hitler.

Jesús Gil. Si usted lo dice… Lo que nadie le va a negar es el tamaño de su boca.

Claro, y al final, te tiemblan las piernas (…) Uy, fíjate lo que te acabo de decir (…) Claro, si es que hasta pareces una chica normal, bueno quiero decir que pareces una chica con piernas.

Isabel Gemio a Irene Villa, víctima del terrorismo de ETA, en una entrevista. Lo que va a resultar más complicado es que la periodista parezca alguien normal, bueno, quiero decir con tacto… o con cerebro.

Hawking, asistido por un médico y dos enfermeras, despegó el pasado jueves. Y el aparato subió hasta alcanzar los 32.000 pies. Y entonces viró y enfiló la Tierra en un ángulo de unos 50 grados, descendiendo en 30 segundos desde casi 9.800 metros hasta poco más de 7.300. Y se hizo el vacío. La ingravidez total.

Yolanda Monge, periodista, en un artículo ilustrado con una imagen en la que se observa a Stephen Hawking flotar sin asistencia para respirar. El vacío se le debió de hacer a la periodista dentro del cráneo, mira que confundir la ausencia de aire con la ausencia de gravedad...

Me encanta Inglaterra, especialmente la comida. No hay nada que me guste más que un buen plato de pasta.

Naomi Campbell. Cuando le entra el hambre se desorienta...

Las posibilidades de que prospere semejante disparate es cero.

José María Aznar. Igual que las posibilidades de evitar un suspenso en gramática, que también son cero.

Uno tiene una buena mano cuando hay más gente jugando tus propias cartas.

George Bush, tahúr consumado del Oeste americano.

En el aspecto deportivo, Franco ha significado todo.

Manuel Santana. ¿Cuántas medallas ganó en las Olimpiadas?

Yo sé quién soy. Nadie más sabe quién soy. Si fuese una jirafa y alguien me dijese que soy una serpiente, yo pensaría «no, de verdad que soy una jirafa».

Richard Gere. Es que los maquillajes de hoy en día en el cine son increíbles, ¿eh?

Los españoles son uno de los pueblos más sucios

de la tierra y los madrileños, ni te digo. Y los emigrantes, aún peor.

Fernando Sánchez Dragó. Español, madrileño de adopción y, según él mismo dice, emigrante ya que ha vivido en Asia y África…

El cubo es una invención humana, ya que no existe en la naturaleza, y de su utilidad derivan las matemáticas, la filosofía e incluso algunas religiones.

Pablo Sobisch. Se referirá al cubo de la fregona, porque en la naturaleza hay algunos minerales que se empeñan en cristalizar en la forma geométrica de un cubo.

Los restos estaban esparcidos en un radio de un kilómetro cuadrado.

Federico Trillo. Si es que, cuando uno pasa tantas horas junto a la cabra de la legión, es fácil que se le olvide que el radio mide una distancia y los kilómetros cuadrados, una superficie.

Primero, Bush coloca los pies encima de la mesa, se vuelve hacia mí y me dice: «Yo corro cuatro kilómetros en seis minutos y 45 segundos». Entonces yo levanto mis pies, los pongo también encima de la mesa, me giro y le contesto: «Pues yo me hago diez kilómetros en cinco minutos y 20 segundos».

José María Aznar. Hombre, como vacile en un bar, decir que corres a más de 112 kilómetros por hora y cinco veces más rápido que el récord del mundo de los 10.000 metros puede pasar, pero delante del presidente de los Estados Unidos y con los pies encima de la mesa parece un poco sobraete, ¿no?

En veintisiete años de singladura…

Josu Jon Imaz. Para el resto del mundo, una singladura son veinticuatro horas, pero para un vasco, ¡veintisiete años no son nada, joer!

Lo que le quiero decir es que no me pida usted, que ha recordado aquí que yo había estado aquí hace cuarenta y ocho horas y, además, tengo que estar, me da la sensación, que cuarenta y ocho horas más tarde, por tanto no me pida cada cuarenta y ocho horas que vuelva a decir lo mismo.

José María Aznar. Por favor, que se lo pida, y si es capaz de decirlo todo otra vez, le damos un premio.

En cuanto a los víveres, sería insensato creer que los habitantes de la Tierra no encontrarían con qué nutrirse allí arriba [en la Luna].

Julio Verne. A saber adónde apuntaba el telescopio de este escritor, lo mismo veía conejos, venados o jabalíes danzando por la luna llena.

Que nuestra Luna tiene una poderosa luz propia lo vemos en cada eclipse total, pues si no desaparecería.

Edgar Allan Poe. ¡Bibliotecaria! ¿Quién ha puesto esta novela de terror en la sección de ciencias?

El hombre nunca alcanzará la Luna, con independencia de todos los futuros avances científicos.

Lee Deforest, un visionario en 1957. Si hubiera aguantado calladito apenas doce años…

Es mentalizarse y quererse de verdad, sano, ese cuerpo, tener potencia, ser feliz, quererte tú mismo, a quererte tú mucho, porque quieres también a quien tienes a tu lado y todo sale de verdad de deporte.

Manuel Benítez, el Cordobés. Con esa locuacidad lo mismo mañana presenta un informativo en Telemadrid con Sánchez Dragó. Se les va a entender lo mismo.

Máquinas voladoras más pesadas que el aire son imposibles.

Lord Kelvin, en 1895. Otro que en ocho años vería cómo lo conseguían los hermanos Wright.

El nombre de Jesús Gil es innombrable.

Jesús Gil. A lo mejor quiso decir «incalificable».

¿Mi color favorito? No, no tengo, no tengo, no tengo. Fav... ah, eeh, como el... no tengo un color favorito, o sea, el azul.

Enrique Iglesias. ¿Desprevenido? ¿Disléxico? ¿Daltónico? ¿Estúpido? Juzguen ustedes mismos.

¿Considera el Gobierno que el mercado de vivienda en alquiler responde adecuadamente a los intereses de los arrendadores y de los arrendatarios protegiendo en su caso a los arrendatarios frente a los arrendadores cuando éstos abusan de los primeros en el llamado *mobbing* inmobiliario, o protegiendo en otro caso a los arrendadores frente a los arrendatarios que incurren en impago, sin perjuicio de que dichos arrendatarios cuando se hallen en situación de vulnerabilidad social en cuyo caso no debe perjudicarse al arrendador, lo cual contribuye aún más a perjudicar a la institución del alquiler y por tanto a los arrendadores y arrendatarios?

Pere Macias i Arau (CiU). La parte arrendataria de la primera parte a la parte arrendadora de la segunda parte... Arrendados estamos.

¿La figura de Vargas Llosa? Pues le sigo hace tiempo, nunca he tenido la suerte de leer nada de él.

Sofía Mazagatos. Es lo que tiene ser detective privado: te contratan para seguir a alguien y no te da tiempo a leer nada de lo que ha escrito.

En esta vida, lo que nunca se debe perder es la falta de educación y la falta de respeto.

Javier Conde.
Por ese camino no vas a parar de meterte en líos.

Es que yo creo que me estoy dedicando a algo que no tiene nada que ver con lo que yo estoy haciendo.

Mar Flores. Y lo que está haciendo no tiene nada que ver con lo que está diciendo, ni con lo que está pensando, ni con la lógica.

Vaya coñazo que les he soltado.

José María Aznar, tras un discurso en el Parlamento Europeo en 2002. Es de agradecer que en algún momento lo reconociese.

¿Se puede negar a los reyes y futuros reyes ese derecho que tiene cualquier ser humano? Pues visto así, pues sí. Es troglodita pensar que la gente se tenga que casar por conveniencia, pero a lo mejor, si eso es troglodita, lo otro también sería troglodita, y para que lo otro no sea troglodita… Yo no sé si me explico, me explico muy mal.

María Teresa Campos. ¡Qué va, mujer, si te hemos entendido todos! Alto y claro: decías que había una vez un rey troglodita al que le convenía casarse con una mujer troglodita, y…

¿Le gusta a usted la hípica?

Pues la verdad es que sí. No olviden ustedes que yo tengo un tío que fue recordman mundial de salto de longitud.

José María Álvarez del Manzano, alcalde de Madrid. No es de extrañar que su tío batiese el récord mundial; saltando a caballo, así cualquiera.

Precisamente en este momento tengo más tiempo que nunca porque, aunque estoy con un programa en directo… es decir, que se emite diariamente, es grabado.

Mar Flores, derribando los tópicos sobre las modelos… al menos no es rubia.

Esto es como si mi abuela fuera mi abuelo, pues sería todo al revés: mi abuelo sería mi abuela y mi abuela mi abuelo.

José Antonio Camacho.
Hay que ver las excusas que se inventan para explicar que la selección española de fútbol se ha vuelto a quedar fuera en cuartos.

He dicho lo que es necesario en este momento y, por el momento, es necesario lo que acabo de decir.

José María Aznar. Se dice que intentaba imitar la escena de Pepe Isbert en el balcón del ayuntamiento en Bienvenido míster Marshall.

Apostamos por el empleo de las personas, hombres y mujeres, sin hacer discriminaciones; al revés, apostamos por el empleo de la mujer.

Loyola de Palacio.
Como el intermitente de un coche: ahora sí, ahora no, ahora sí, ahora no…

Ahora que llegarán mis hermanas… aunque te digo una cosa, pienso que el que tenía que tener hijos soy yo, ¿no? Bueno, no, mi padre todavía es joven para tener hijos, todavía puede tener hijos. Hoy en día se pueden tener hijos a cualquier edad, sobre todo con… los aparatos nuevos que han salido.

Enrique Iglesias. La culpa del lío mental que tiene es de sus padres. Con tantos hermanos y hermanas de padres y madres distintos, cualquiera se aclara.

Tengo una oreja enfrente de la otra.

José María Aznar. El tema es saber si hay algo entre las dos.

No tengo tiempo de ver películas extranjeras.

Esperanza Aguirre, ministra de Educación y Cultura, respondiendo a la pregunta de si había visto la película Airbag, *de Juanma Bajo Ulloa. De lo que no tiene tiempo es de cerrar la boca.*

Me quedé fumigada del susto.

Yola Berrocal. Pues debió de ser al verse en el espejo después de alguna operación de estética.

Contar las cosas como son, ni con pasión afectiva ni con pasión *odiativa*. ¿Se dice *odiativa*?

Fernando Jáuregui. Lingüística inventiva…

Si yo me refiero, por ejemplo… Si yo me cortara, pues, un trocito, qué sé yo, de los pies de la cabeza, y creciera, pues yo lo haría.

María Teresa Campos. A saber lo que come para que le crezcan pies en la cabeza.

Que aquí, la única *farcista, xenófoga* y machista que hay eres tú, ¿vale?

Carlos, el Yoyas, un verdadero monumento a la imbecilidad televisiva, y mira que hay ejemplos entre los que escoger.

Definitivamente, me gustaría conocer a Lady Di, afortunadamente ya murió.

Vanessa Mendoza, Miss Colombia 2002. Mira ésta, para que luego se diga que las guapas son tontas…

Yo no viviría para siempre, porque no deberíamos vivir para siempre, porque si se supusiera que debiéramos vivir para siempre, entonces viviríamos para siempre, pero no podemos vivir para siempre, que es por lo cual yo no viviría para siempre.

Miss Alabama en el concurso de Miss América en 1994. ¿Quién prepara las preguntas para las niñas en estos concursos? ¿Kant, Schopenhauer, Aristóteles? ¡A quién se le ocurre preguntarle a Miss Alabama lo que haría si pudiera vivir para siempre!

Vino la Guardia Civil y levantó apestado del accidente.

Terelu Campos. Es que la Benemérita tardó en llegar y el cadáver ya olía, claro.

Las manzanas no son peras, y una manzana y una pera no son dos manzanas, son dos peras.

Ana Botella, sobre el matrimonio homosexual. ¡Qué sabrá ella lo que son dos buenas peras!

Desde luego que sí, porque Carmen Ordóñez, según dice Belén, era su otra media mitad.

Carmen Hornillos, ¿periodista? Pues, al parecer, Carmen Ordóñez debía de ser un cuarto…

A mí me gusta que la mujer sea mujer, mujer.

José María Aznar.
Y el jamón, jamón, no te fastidia.

No son estrellas fugaces, es una lluvia de motoritos.

Isabel Pantoja. Debían de ser los moteros que iban a las carreras de Jerez.

¡Qué bien habla español! ¿Cuándo aprendió usted?

Esperanza Aguirre al músico argentino Daniel Barenboim, que le respondió con toda la calma del mundo: «Señora, mi mamá me asegura que dije las primeras palabras cuando recién tenía un añito».

Pujol es el responsable de la grave crisis política, moral y económica que afecta a España. (19 de septiembre de 1995)

Pujol es una persona con alto sentido de la responsabilidad que comprende lo que significa la oportunidad que tenemos. (10 de marzo de 1996)

José María Aznar, justito de memoria.

Estoy tomando cláusulas para la tos.

Terelu Campos. Es que hay contratos que hasta quitan el hipo.

¡Qué calor, qué soborno!

Yola Berrocal. Seguramente le estaban «sobornando» para que se quitara la ropa...

Yo pienso como usted. Pienso que yo no pienso.

Felipe González. A veces es mejor pensar, aunque sólo sea un poco, ¿no?

No es para rascarse las vestiduras.

Yola Berrocal. Cada uno se rasca lo que le pica.

En la catástrofe del *Prestige* sólo hay un culpable: el barco.

Ana Botella. Y en la guerra de Irak, el desierto.

Parapsicología, ¡qué interesante!

Esperanza Aguirre, cuando, durante una visita al Centro Superior de Investigaciones Científicas, le presentaron al jefe de Parasitología.

Un hombre y una mujer es una cosa, dos hombres es otra cosa y dos mujeres es otra cosa, como supongo que un trío también será otra cosa.

Ana Botella, repitiendo curso en Barrio Sésamo.

Estoy muy a gusto y muy tranquilo porque tenemos un Rey bastante republicano.

José Luis Rodríguez Zapatero. Un presidente bastante asambleario.

Le dieron un corte en la misma vena arteria.

Terelu Campos. Y se lo llevaron corriendo andando en un taxi ambulancia al hospital iglesia…

No te imaginas lo que duele un cólico frenético.

Terelu Campos. Pues no, no me lo imagino.

2

CONTRA ELLOS

Las mujeres son capaces de fingir un orgasmo, pero los hombres pueden fingir una relación entera.

Sharon Stone

Si el hombre adecuado no llega, no te preocupes. Hay muchos destinos peores. Por ejemplo: que llegue el hombre equivocado.

Leticia Baldrige

La mujer es algo mientras que el hombre no es nada.

Tucídides

La antigua teoría era: cásate con un hombre mayor porque son maduros; pero la nueva teoría es: los hombres no maduran, cásate con un hombre joven.

Rita Rudner

La intuición de una mujer es más precisa que la certeza de un hombre.

Rudyard Kipling

Ser hombre es ya por sí mismo una circunstancia atenuante.

Pitigrilli

En ningún momento he dudado que las mujeres son tontas. Al fin y al cabo el Todopoderoso las creó a imagen y semejanza de los hombres.

George Eliot

A cualquier mujer le gustaría ser fiel. Lo difícil es hallar el hombre a quien serle fiel.

Marlene Dietrich

Un marido que ama a su mujer es un hombre que no tiene el mérito suficiente para hacerse amar por otra.

Montesquieu

Las mujeres necesitamos la belleza para que los hombres nos amen, y la estupidez para que nosotras amemos a los hombres.

Coco Chanel

Las mujeres que buscan ser iguales a los hombres carecen de ambición.

Timothy Leary

El problema es que Dios le dio al hombre un cerebro y un pene, y sólo suficiente sangre para que funcione uno a la vez.

Robin Williams

En cuanto se concede a la mujer la igualdad con el hombre, se vuelve superior a él.

Margaret Thatcher

Emocionalmente, los hombres son como los bonsáis: tienes que echarles chorros de fertilizante para obtener de ellos algún sentimiento.

Kathy Lette

Se espera de las mujeres que hagan el doble de lo que hacen los hombres, en la mitad de tiempo y como quien no quiere la cosa. Por suerte, no es demasiado difícil.

Charlotte Witton

Clinton mintió. Un hombre puede olvidar dónde aparcó el coche o dónde vive, pero jamás olvidará una mamada… no importa lo mala que haya sido.

Barbara Bush

Los hombres casados son horriblemente aburridos cuando son buenos maridos, e insoportablemente presumidos cuando no lo son.

Oscar Wilde

Los hombres son criaturas muy raras: la mitad censura lo que practica; la otra mitad practica lo que censura; el resto siempre dice y hace lo que debe.

Benjamin Franklin

A un hombre sólo le pido tres cosas: que sea guapo, implacable y estúpido.

Dorothy Parker

Exageráis la hipocresía de los hombres. La mayoría piensa demasiado poco para permitirse el lujo de poder pensar doble.

Marguerite Yourcenar

Los hombres son como animales, y ni siquiera los animales se comportan como ellos.

Brigitte Bardot

Mi novia siempre se ríe mientras le hago el amor: no importa lo que esté leyendo.

Steve Jobs

Las mujeres suponen el único colectivo oprimido de nuestra sociedad que convive en asociación íntima con sus propios opresores.

Evelyn Cunningham

Ser mujer es una tarea terriblemente difícil, porque consiste sobre todo en tratar con hombres.

Joseph Conrad

A mí los hombres me parecen divertidísimos. Si yo tuviera una de esas cosas que cuelgan embutidas dentro de los pantalones, me pasaría el día sentada en casa mirándola, muerta de risa.

Dawn French

No me importa vivir en un mundo de hombres siempre y cuando pueda ser en él una mujer.

Marilyn Monroe

No veo por qué las mujeres quieren ninguna de las cosas que tienen los hombres, si una de las cosas que las mujeres tienen son los hombres.

Coco Chanel

Todo el mundo se equivoca, tanto los hombres como las mujeres. La diferencia es que las mujeres lo saben.

Eleanor Bron

Los hombres afirman que les gusta que una mujer tenga un carácter fuerte e independiente. Pero no tardan ni un segundo en destruirlo ladrillo a ladrillo.

Candice Bergen

Una mujer sin hombre es como un pez sin bicicleta.

Gloria Steinem

A veces pienso que si hubiera un tercer sexo, nunca miraría a un hombre dos veces.

Amanda Vail

Me casé con un hombre inferior a mí. Como todas las mujeres.

Nancy Astor

A los hombres se les enseña a disculparse por sus debilidades, a las mujeres por sus capacidades.

Lois Wyse

La única cosa de los hombres que cambia con la edad es el precio de sus juguetes.

Anónimo

«Fácil» es un adjetivo que se utiliza para describir una mujer que tiene la moralidad sexual de un hombre.

Nancy Linn-Desmond

Nadie protesta si una mujer es una buena escritora, escultora o experta en genética, siempre y cuando logre ser a la vez una buena esposa, buena madre, guapa, esté siempre de buen humor, vista bien, vaya bien arreglada y no se queje nunca.

Marya Mannes

A un hombre no le conoces de verdad hasta que te has divorciado de él.

Zsa Zsa Gabor

Un hombre es un animal sexual por naturaleza. Yo siempre he tenido unos cuantos animalitos domésticos.

Mae West

Cuanto más conozco a los hombres, menos los quiero; si pudiese decir otro tanto de las mujeres me iría mucho mejor.

Lord Byron

El hombre está en regresión en todas partes, en todos los terrenos. Hoy por hoy, es mucho mayor la inteligencia de las mujeres.

Marguerite Duras

Me gustan los hombres que son hombres de verdad, es decir, fuertes y pueriles.

Françoise Sagan

Si sabes que la mayoría de los hombres son como niños, no necesitas saber más.

Coco Chanel

De los hombre no te puedes fiar nunca.

Lola Flores

Las mujeres quieren hombres mediocres y los hombres se están esforzando en ser lo más mediocres posible.

Margaret Mead

Nunca subas al coche de un extraño, y recuerda que todos los hombres son extrañísimos.

Robin Morgan

Un zorro es un lobo que regala flores.

Ruth Weston

Las montañas son más impresionantes vistas de cerca que de lejos, pero en ese aspecto, los grandes hombres no se parecen a las montañas.

Condesa de Blessington

Hombres, pero ¿qué os pasa? ¿Es que os dejaría de crecer pelo en el pecho si preguntarais cómo se va a tal o cual sitio?

Erma Bombeck

Nunca había visto a un hombre abrazarse a otro. Pensaba que lo único que les estaba permitido era darse la mano o liarse a puñetazos.

Rita Mae Brown

Muchos hombres son unos fracasados por culpa del éxito.

Cindy Adams

El hombre español se cuida muy poco: unos se dejan la barba, otros no se cuidan la ropa y otros engordan muy pronto.

Lola Flores

El papel de las mujeres en el progreso de la civilización es mucho mayor que el del hombre, por lo que deberían desarrollar sus aptitudes de acuerdo con su naturaleza, sin imitar a los hombres.

Alexis Carrel

Hombres necios que acusáis a la mujer sin razón, sin ver que sois la ocasión de lo mismo que culpáis.

Sor Juana Inés de la Cruz

¿Os imagináis un mundo sin hombres? Sería un mundo sin crímenes y lleno de mujeres gordas y felices.

Marion Smith

Un marido es lo que queda de un amante cuando le han extraído el nervio.

Helen Rowland

Busca en otra mujer tu media naranja, en el hombre sólo encontrarás tu medio limón.

Ana Cortés

Nunca me casé porque no tenía ninguna necesidad de hacerlo. Tengo tres animales domésticos que cumplen la misma función que un marido. Un perro que gruñe por la mañana, un loro que suelta palabrotas toda la tarde y un gato que llega a casa a las tantas de la noche.

Marie Corelli

Un hombre es un animal con dos piernas y ocho manos.

Jayne Mansfield

Los hombres no son bichos malos porque sí. En realidad son víctimas de la sociedad que ellos mismos imaginaron. ¿Por qué, pues, no echarles una mano?

Beatriz de Moura

Las labores del hogar son el trabajo más duro que hay en el mundo. Por eso los hombres no lo hacen.

Edna Ferber

Para la mayoría de los hombres el amor no es lo fundamental como ocurre con la mayoría de las mujeres, que por otro lado acostumbran a ser menos frágiles cuando sufren un revés sentimental. La mujer soporta mejor la soledad.

Adelaida García Morales

Cambiar a un marido por otro no es más que cambiar un problema por otro.

Kathleen Norris

¿Es mucho pedir que se ahorre a las mujeres esa lucha diaria en pro de una belleza sobrehumana, que ofrecerán a las caricias de un compañero de fealdad infrahumana?

Germaine Greer

Digan lo que digan los hombres, no es verdad que estén pensando en el sexo todo el tiempo. Sólo la mayor parte del tiempo.

Jackie Collins

A un hombre le resulta horriblemente difícil mentir a la mujer que ama… la primera vez.

Helen Rowland

Si lo que quieres son palabras, dirígete a un hombre. Si quieres hechos, dirígete a una mujer.

Margaret Thatcher

El hombre es un animal doméstico al que, si se le sabe amaestrar con suavidad y firmeza, se le puede enseñar a hacer casi todo.

Jilly Cooper

El hombre es un accidente biológico. El gen Y es un gen X incompleto. En otras palabras: el macho, desde el punto de vista genético, es una obra incompleta, un aborto con patas.

Valerie Solanas

Los hombres miran sólo en una dirección, las mujeres lo hacemos en todas.

Cristina Almeida

Ellos son como niños grandes, se pueden reunir cinco, que hablan de fútbol, juegan al dominó o a las cartas. Pueden entretenerse durante horas sin despellejar a nadie.

Lola Flores

Los hombres son mucho más convencionales que las mujeres y cambiar de forma de pensar es para ellos un proceso mucho más lento.

Kathleen Norris

Me gustan los hombres del mismo modo que a algunas personas les gusta la buena comida o el vino.

Germaine Greer

Ellos son más egoístas, descarados y abusones, gastan una mayor desfachatez.

Carmen Rico-Godoy

Quédele al hombre el desdichado monopolio de todas las luchas, de todas las guerras, de todas las iras; la misión de la mujer sea de paz y aliada natural de todo el que sufre.

Concepción Arenal

Encuentro a los hombres, hoy en día, menos viriles que antes.

Katharine Hepburn

Qué compleja es la mente humana, pero qué simple es la de los hombres.

Anónimo

Las mujeres que más me irritan son las liberacionistas. Se detienen constantemente en podios para proclamar que las mujeres somos más inteligentes que los hombres. Eso es verdad, pero debería mantenerse en secreto, porque de lo contrario, nos va a echar a perder el jueguito.

Anita Loos

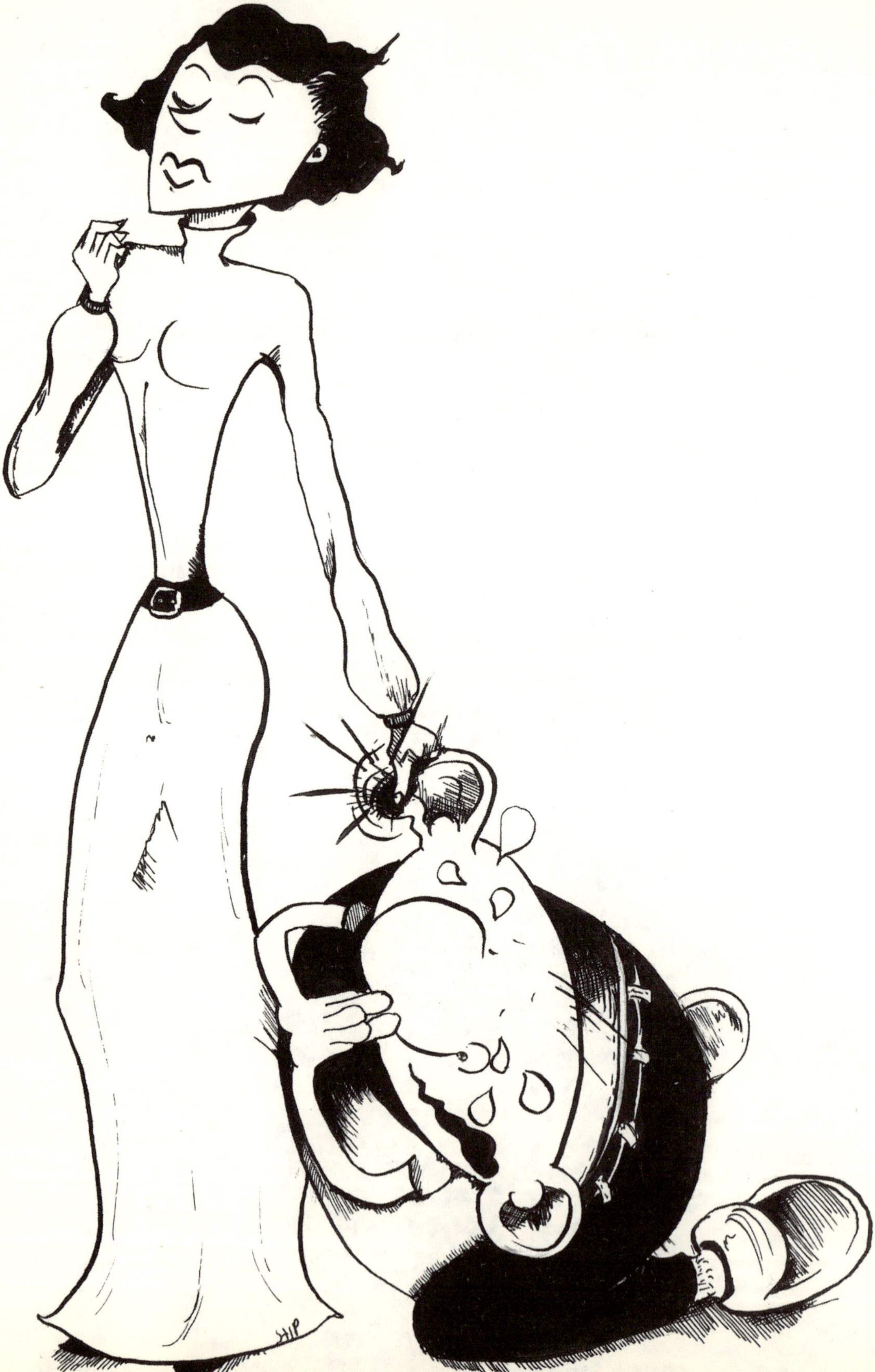

3

CONTRA ELLAS

Las mujeres son muy útiles, sobre todo por la noche y, con frecuencia, durante el día.

Groucho Marx

La mujer raramente posee la facultad de poder fijar su atención en algo (...). De ahí la dificultad de la mujer, por ejemplo, para hacer un buen café, cosa que no exige sino atención, exactitud y sentido del tiempo.

August Strindberg

Las mujeres han sido hechas para ser amadas, no para ser comprendidas.

Oscar Wilde

Lo importante es amar, ¿qué importa la amante?

Alfred de Musset

¿Un ministerio de la condición femenina? ¿Y por qué no un vicesecretariado de hacer punto?

Charles de Gaulle

¿Qué importa la botella con la que se emborracha uno?

Alfred de Musset

La mujer es un manjar digno de dioses, cuando no lo cocina el diablo.

William Shakespeare

¿Conoces esa mirada que tienen las mujeres cuando quieren sexo contigo? Yo tampoco.

Steve Martin

Un hombre puede ser feliz con cualquier mujer mientras que no la ame.

Oscar Wilde

La mujer es lo más corruptor y lo más corruptible que hay en el mundo.

Confucio

Hay un gran número de dispositivos mecánicos pensados para aumentar la libido, particularmente entre las mujeres. El más efectivo es el Mercedes-Benz 380SL.

Lynn Lavner

Para mí las mujeres se dividen en dos categoría: las «besables» y las «imbesables». Las mejores son las segundas: lloran de alegría cuando las besas.

George Wolinski

Las mujeres deberían vestir de blanco, para ir a juego con los electrodomésticos.

Bernie Ecclestone

Digamos que la mujer es un bello animal cuya piel es muy cotizada a pesar de que luego ningún peletero puede aprovecharla.

Jules Renard

Si usted quiere saber lo que una mujer dice realmente, mírela, no la escuche.

Oscar Wilde

Según una reciente encuesta, las mujeres afirman sentirse más cómodas desvistiéndose delante de hombres que de mujeres. Dicen que ellas se vuelven demasiado críticas, mientras que nosotros, los hombres, por supuesto, simplemente nos volvemos agradecidos.

Robert De Niro

Todas las mujeres son débiles. Son estúpidas comparadas con los hombres. Nunca deberían jugar al ajedrez.

Bobby Fischer

Las mujeres tienen pasión por el cálculo: dividen su edad por dos, doblan el precio de sus vestidos, triplican el sueldo de sus maridos y añaden cinco años a la edad de sus amigas.

Marcel Achard

Recuerden, caballeros, que estamos peleando por el honor de esta mujer, que es, probablemente, más de lo que ella haya hecho nunca.

Groucho Marx

La única manera en que un hombre debe comportarse con una mujer es: haciendo el amor con ella, si es bonita, o con otra, si es fea.

Oscar Wilde

Las mujeres se callan a veces... pero nunca cuando no tienen nada que decir.

Paul Souday

Hay dos clases de mujeres: las que se comprometen y las que te comprometen.

Henri Becque

Cuando una mujer te ha dado el corazón, jamás podrás deshacerte del resto.

John Vanbrugh

Las mujeres son un sexo puramente decorativo. Nunca tienen nada que decir, pero lo dicen de una manera encantadora.

Oscar Wilde

La mujer está donde le corresponde. Millones de años de evolución no se han equivocado, pues la naturaleza tiene la capacidad de corregir sus propios defectos.

Albert Einstein

Cuando una mujer está muy enfadada, cuatro besitos son suficientes para consolarla.

Carlo Goldoni

Lo único que una mujer no olvida de un hombre al que ya no ama son los favores que ella le ha hecho.

Jean de La Bruyère

Mi madre nunca entendió la ironía que era llamarme hijo de puta.

Jack Nicholson

La mujer es la píldora amarga de la naturaleza y el arte se ha complacido en dorarla para que el hombre trague más fácilmente.

Santiago Ramón y Cajal

La mujer hermosa es un peligro. La mujer fea es un peligro y una desgracia.

Santiago Rusiñol

La caza de mujeres es un deporte apasionante. Los problemas empiezan cuando se ha cobrado una pieza.

Gabriel Timmory

Un hombre sólo es tan viejo como la mujer que ama.

Groucho Marx

Recuerdo haber oído hablar de dos mujeres que se querían sinceramente y vivían en paz sin que la una dijese nunca mal de la otra, siendo jóvenes las dos: una era sorda, la otra era ciega.

Paul Auguez

Hay mujeres que prefieren hacer sufrir a varios hombres a la vez, y otras que prefieren concentrarse en uno solo: éstas son las mujeres fieles.

Alfred Capus

Hay mil maneras de hacer hablar a las mujeres, pero ni una sola de hacerlas callar.

Guillaume Bouchet

Dejar el sexo a las feministas es como dejar a tu perro de vacaciones con el taxidermista.

Matt Barry

Dios creó al hombre antes que a la mujer para que tuviera tiempo de decir algo.

Jean Rigaux

La diferencia entre las mujeres y las coincidencias es que hay coincidencias que no engañan.

Patrick Sébastien

La mayor parte de las mujeres sigue diciendo no con la boca, después de haber dicho sí con el resto del cuerpo.

Enrique Jardiel Poncela

Estoy con esa mujer porque me recuerda a usted. Sus ojos me recuerdan a los suyos... su boca... su pelo. Todo me recuerda a usted, excepto usted.

Groucho Marx

Lo único peor en el mundo que una mujer es otra.

Aristófanes

Antes me casaría con una mujer pequeña que con una mujer grande, por la sencilla razón de que, entre dos males, más vale escoger el menor.

Jean-Louis Commerson

Una mujer lo perdona todo, excepto que no queramos nada de ella.

Alfred de Musset

Una mujer se preocupa por el porvenir hasta que encuentra marido, mientras que un hombre no se preocupa por él hasta que encuentra esposa.

George Bernard Shaw

El padre debe ser más amado que la madre, pues él es el principio activo de la procreación, mientras que la madre es tan sólo el principio pasivo.

Santo Tomas de Aquino

El silencio es la única cosa de oro que las mujeres detestan.

Mary Wilson Little

Por una mujer que nos inspire algo bueno, hay cien que nos obligan a hacer tonterías.

Napoleón Bonaparte

¿Os habéis dado cuenta de que cuando le decimos a una mujer que es hermosa, siempre cree que es cierto?

Jules Renard

Las mujeres son como las veletas: sólo se quedan quietas cuando se oxidan.

Voltaire

La mujer es, reconozcámoslo, un animal inepto y estúpido, aunque agradable y gracioso.

Erasmo de Rotterdam

Hay un principio bueno, que ha creado el orden, la luz y al hombre, y un principio malo, que ha creado el caos, las tinieblas y a la mujer.

Pitágoras

La mujer es como una sombra: no podrás atraparla, pero tampoco huir de ella.

Alfred de Musset

Las mujeres son como los caballos: hay que hablarles antes de ponerles las bridas.

André Maurois

Una mujer es como un puro: hay que encenderla a menudo.

Arthur Rubinstein

Las mujeres están para ser gustadas. Después, unas se dejan, otras no... Eso ya va por provincias.

Camilo José Cela

Al envejecer, el hombre construye su rostro y la mujer lo destruye.

Johann Wolfgang von Goethe

Las mujeres lo adivinan todo, sólo se equivocan cuando reflexionan.

Jean Baptiste Alphonse Karr

¡Oh, qué plaga, qué aburrimiento, qué tedio es tener que tratarse con ellas mayor tiempo que los breves instantes en que son buenas para el placer!

Francisco de Quevedo

Se entiende a las mujeres como se entiende el lenguaje de los pájaros: por intuición o de ninguna manera.

Henry Amiel

Las mujeres no son mas que órganos genitales articulados y dotados de la facultad de gastar todo el dinero del marido.

William Faulkner

Por muchas razones, no es bueno que la mujer estudie y sepa tanto.

Molière

El hombre que a los veinte años no cree en la mujer no tiene corazón, y el que sigue creyendo en ella a los cuarenta ha perdido la razón.

Noel Clarasó

Si las esposas fueran buenas, Dios tendría una.

Sacha Guitry

De todos modos casaos, si dais con una buena esposa seréis felices, si dais con una mala llegaréis a ser filósofos.

Sócrates

El que puede gobernar a una mujer puede gobernar a una nación.

Honoré de Balzac

Desgraciadamente para nosotros, los modistos de alta costura, demasiadas mujeres que se desvisten al contado se visten a crédito.

Louis Feraud

Por culpa de las mujeres, muchos se han arruinado.

La Biblia

La mujer, según la Biblia, es la última cosa que hizo Dios. Debió de crearla el sábado por la tarde, se nota la fatiga.

Alejandro Dumas

Cojera de perro y lágrimas de mujer no son de creer.

Refrán español

No la encontraréis, ni una sin que replique, a menos que le falte la lengua: la mujer.

William Shakespeare

La mujer no es más que el hombre imperfecto.

Averroes

Si quieres que te sigan las mujeres, ponte delante de ellas.

Francisco de Quevedo

Las chicas buenas van al cielo, las malas van a todas partes.

Mae West

Para la mayoría de las mujeres, amar a un hombre es engañar a otro.

Étienne Rey

La más tonta de las mujeres puede manejar a un hombre inteligente, pero es necesario que una mujer sea muy hábil para manejar a un imbécil.

Rudyard Kipling

Las mujeres lo negarán o lo aceptarán, pero lo que siempre quieren es que se lo pidamos.

Ovidio

Bien sé que las mujeres aman, por lo regular, a quienes lo merecen menos. Es que las mujeres prefieren hacer limosnas a dar premios.

Jacinto Benavente

Cómo tener confianza de una mujer que le dice a uno su verdadera edad. Una mujer capaz de decir esto es capaz de decirlo todo.

Oscar Wilde

Cuando veas una cucaracha o una mujer fea, písala.

Enrique Jardiel Poncela

La amistad entre dos mujeres comienza o acaba por ser un complot contra una tercera.

Jean Baptiste Alphonse Karr

Las mujeres no miden jamás los sacrificios; ni los suyos, ni los de los demás.

Germaine de Staël

La volubilidad de la mujer a quien amo es sólo comparable a la infernal constancia de las mujeres que me aman.

George Bernard Shaw

El secreto del alma de la mujer consiste en carecer de ella en absoluto.

Enrique Jardiel Poncela

Ya que la mujer reivindica sus derechos, concedámosle sólo uno: el de complacernos.

Guy de Maupassant

No hay manto ni sayo que peor siente a la mujer que el querer ser sabia.

Martin Lutero

Por lo general, las mujeres de ensueño son una ilusión óptica.

Peter Ustinov

Cuando hablan de una mujer cultivada, yo me la imagino con una escarola entre las piernas y perejil en las orejas.

Sacha Guitry

No se comprende cómo las mujeres no triunfan todas, no teniendo en casa, como no tienen, ninguna mujer que se lo impida.

Noel Clarasó

La mujer compuesta quita el marido de otra puerta.

Refrán

La mujer es una especie de término medio entre el niño y el hombre, (quien es) el verdadero ser humano.

Arthur Schopenhauer

La mujer es como la sombra: si la huyes, sigue; si la sigues huye.

Nicolas Chamfort

Hay pocos lazos de amistad tan fuertes que no puedan ser cortados por un pelo de mujer.

Santiago Ramón y Cajal

El primero que comparó a la mujer con una flor fue un poeta; el segundo, un imbécil.

Voltaire

A las mujeres les gusta sobre todo salvar a quien las pierde.

Victor Hugo

Hay tantas mujeres bellas, pero no hay perfectas.

Victor Hugo

La mujer adora al hombre igual que el creyente adora a Dios; pidiéndole todos los días algo.

Enrique Jardiel Poncela

La gran pregunta que nunca ha sido contestada y a la cual todavía no he podido responder, a pesar de mis treinta años de investigación del alma femenina, es: ¿qué quiere una mujer?

Sigmund Freud

La mujer es como una buena taza de café: la primera vez que se toma, no deja dormir.

Alejandro Dumas

La fuerza de las mujeres depende de que la psicología no puede explicarla. Los hombres pueden ser analizados; las mujeres sólo pueden ser amadas.

Oscar Wilde

En nuestra sagrada religión cristiana no hay ley divina ni humana que en todas las cosas el varón a la mujer no se prefiera.

Fray Antonio de Guevara

Los tres deberes fundamentales de la mujer son ser bonita, ir bien vestida y no contradecir.

William Somerset Maugham

Las mujeres no advierten lo que hacemos por ellas; no notan sino lo que dejamos de hacer.

Georges Courteline

Las batallas contra las mujeres son las únicas que se ganan huyendo.

Napoleón Bonaparte

No se es amigo de una mujer cuando se puede ser su amante.

Honoré de Balzac

Hay mujeres que quieren tanto a sus maridos que, para no usarlos, toman el de sus amigas.

Alejandro Dumas

¿Existe el Infierno? ¿Existe Dios? ¿Resucitaremos después de la muerte? Ah, no olvidemos lo más importante: ¿habrá mujeres allí?

Woody Allen

La mujer, sólo el diablo sabe lo que es; yo no lo sé en absoluto.

Fiodor Dostoievski

Como individuo, la mujer es un ser endeble y defectuoso.

Santo Tomás de Aquino

Las mujeres no son otra cosa que máquinas de producir hijos.

Napoleón Bonaparte

Una mujer no comienza a mostrar su edad hasta que empieza a ocultarla.

André Gide

La mujer sería encantadora si uno pudiera caer en sus brazos sin caer en sus manos.

Ambrose Bierce

No consiento que la mujer enseñe ni domine al marido, sino que se mantenga en silencio.

San Pablo

Hay que mejorar la condición femenina. Las cocinas son demasiado pequeñas, los fregaderos demasiado bajos y el mango de las cacerolas está mal aislado.

George Wolinski

La mujer es un vulgar animal del que el hombre se ha formado un ideal demasiado bello.

Gustave Flaubert

¡Ah, el eterno femenino!, decía aquel señor cuya mujer nunca acababa de morirse.

Alphonse Allais

Hombre público: el que tiene presencia e influjo en la vida social.

Mujer pública: prostituta.

Diccionario de la Real Academia Española
(22ª ed., 2008)

Habló Jehová a Moisés, diciendo: «Habla a los hijos de Israel y diles: La mujer cuando conciba y dé luz a un varón, será inmunda siete días (...) Y si diera luz a una niña, será inmunda dos semanas».

La Biblia (Levítico 12, 1-5)

A la mujer y al viento, pocas veces y con tiento.

Refrán español

Las mujeres no deben ser iluminadas ni educadas en forma alguna. De hecho, deberían ser segregadas, ya que son causa de insidiosas e involuntarias erecciones en los santos varones.

San Agustín de Hipona

Enamorarse es exagerar enormemente la diferencia entre una mujer y otra.

George Bernard Shaw

Vuestras mujeres callen en las congregaciones; porque no les es permitido hablar, sino que estén sujetas, como también la ley lo dice. Y si quieren aprender algo, pregunten en casa a sus maridos; porque es indecoroso que una mujer hable en la congregación.

La Biblia (1 Corintios 14, 34-35)

4

CONTRA EL MATRIMONIO

El problema del matrimonio es que se acaba todas las noches después de hacer el amor, y hay que volver a reconstruirlo todas las mañanas antes del desayuno.

Gabriel García Márquez

El matrimonio es la principal causa de divorcio.

Groucho Marx

Las mujeres sólo se entregan a los hombres de ánimo resuelto, porque les infunden la seguridad que tanto ansían para enfrentarse a la vida.

Gabriel García Márquez

Bigamia es tener una esposa de más. Monogamia es lo mismo.

Oscar Wilde

Todos los hombres tienen una mujer en el pensamiento; los casados, además, tienen otra en casa.

Noel Clarasó

Matrimonio: contrato en el que un hombre renuncia a la mitad de sus alimentos a condición de que le guisen la mitad que le resta.

Anónimo

Uno debería estar siempre enamorado. Por eso jamás deberíamos casarnos.

Oscar Wilde

Lo malo del amor es que muchos lo confunden con la gastritis y, cuando se han curado de la indisposición, se encuentran con que se han casado.

Groucho Marx

No hay nada como el amor de una mujer casada. Es una cosa de la que ningún marido tiene la menor idea.

Oscar Wilde

Hace tiempo conviví casi dos años con una mujer hasta descubrir que sus gustos eran exactamente como los míos: los dos estábamos locos por las chicas.

Groucho Marx

Algunos matrimonios acaban bien, otros duran toda la vida.

Woody Allen

¿Que el sexo prematrimonial es pecado? No existe el sexo premarital si no tienes intenciones de casarte.

Matt Barry

La inactividad sexual es peligrosa, produce cuernos.

Woody Allen

Conozco a centenares de maridos que serían felices de volver al hogar si no hubiese una esposa esperándolos.

Groucho Marx

Para un hombre, el matrimonio implica renunciar a cuatro de cada cinco cajones de la cómoda. Para una mujer, renunciar a cuatro de cada cinco opiniones.

Helen Rowland

Solía vivir sola... entonces me divorcié.

Anónimo

¡Ah!, sí, Divorcio. De la expresión latina que significa: arrancar los genitales del hombre con su cartera.

Robin Williams

Mi esposa es un objeto sexual. Cada vez que le pido sexo, ella objeta.

Bob Hope

El matrimonio es una gran institución. Por supuesto, si te gusta vivir en una institución.

Groucho Marx

Cuando una pareja de recién casados sonríe, todo el mundo sabe por qué. Cuando una pareja de diez años de casados sonríe, todo el mundo se pregunta por qué.

Anónimo

El primer año es el más difícil, los demás son imposibles.

Isidoro Loi

Cásate: si por casualidad das con una buena mujer, serás feliz; si no; te volverás filósofo, lo que siempre es útil para el hombre.

Sócrates

Casi siempre que un matrimonio se lleva bien, es porque uno de los esposos manda y el otro obedece.

Gregorio Marañón

El amor abre el paréntesis, el matrimonio lo cierra.

Victor Hugo

Dichosos los hombres que aman a la mujer con la que se casan, pero más dichoso aquel que ama a la mujer con la que está casado.

G. K. Chesterton

El matrimonio acaba muchas locuras cortas con una larga estupidez.

Friedrich Nietzsche

Dios creó el sexo. Los sacerdotes el matrimonio.

Voltaire

No importa que las mujeres nos fastidien; lo que no soportamos es que nos fastidie siempre la misma.

Noel Clarasó

El matrimonio es una barca que lleva a dos personas por un mar tormentoso; si uno de los dos hace algún movimiento brusco, la barca se hunde.

Leon Tolstoi

El matrimonio es una cadena tan pesada que para llevarla hace falta ser dos y, a menudo, tres.

Alejandro Dumas

El mejor matrimonio sería aquel que reuniese a una mujer ciega con un marido sordo.

Molière

El matrimonio es tratar de solucionar entre los dos problemas que nunca hubieran surgido al estar solo.

Eddy Cantor

El matrimonio es como las libretas de ahorro: de tanto meter y sacar se pierde el interés.

Woody Allen

En el amor somos poetas, en casamiento somos filósofos.

Leonid S. Sukhorukov

En todo matrimonio que ha durado más de una semana existen motivos para el divorcio. La clave consiste en encontrar siempre motivos para el matrimonio.

Robert Anderson

En la vida conyugal, la pareja unida no tiene que formar más que una sola persona moral, animada y gobernada por el entendimiento del hombre y por el gusto de la mujer.

Immanuel Kant

Estamos viviendo en una especie de sociedad de usar y tirar donde cada vez es más normal que la relación conyugal se considere tan desechable como pudiera serlo un automóvil o un artículo doméstico.

Richard Whitfield

La monogamia es como estar obligado a comer patatas fritas todos los días.

Henry Miller

Matrimonio: tiranía sancionada por el Estado.

Alma Mahler-Werfel

Las amistades son como los matrimonios: de cada diez, uno se hace por amor.

Edmundo D´Amicis

Lo más razonable que se ha dicho sobre el matrimonio y sobre el celibato es esto: hagas lo que hagas te arrepentirás.

Agatha Christie

Los curas se consuelan de no haberse casado cuando oyen las confesiones de las mujeres.

Armand Salacrou

Me casó un juez. Debería haber pedido un abogado.

Sylvester Stallone (sobre su matrimonio con Brigit Nielsen)

Bígamo:
idiota al cuadrado.

Woody Allen

Patrimonio es un conjunto de bienes; matrimonio es un conjunto de males.

Enrique Jardiel Poncela

Unos se casan por la iglesia, otros por idiotas.

Woody Allen

Se preserva la santidad del matrimonio de forma que dos homosexuales que han estado juntos durante veinticinco años no se pueden casar, ¡pero un tío sí puede emborracharse en Las Vegas y casarse con una prostituta en la capilla de Elvis! ¡La santidad del matrimonio está a salvo!

Lea DeLaria

Todavía no se ha descubierto la brújula para navegar en la alta mar del matrimonio.

Heinrich Heine

Los matrimonios jóvenes no se imaginan lo que le deben a la televisión. Antiguamente había que conversar con el cónyuge.

Isidoro Loi

Ten los ojos bien abiertos antes del matrimonio; y medio cerrados después de él.

Benjamin Franklin

Prefiero que me incineren a que me sepulten y ambas cosas a un fin de semana con mi mujer.

Woody Allen

Casarse por segunda vez es el triunfo de la esperanza sobre la experiencia.

Samuel Johnson

No es la política la que crea extraños compañeros de cama, sino el matrimonio.

Groucho Marx

Hay maridos tan injustos que exigen de sus mujeres una fidelidad que ellos mismos violan, se parecen a los generales que huyen con cobardía del enemigo, quienes sin embargo quieren que sus soldados mantengan el puesto con valor.

Plutarco

El soltero desea una esposa pero se alegra de no tenerla.

Henry-Louis Mencken

En la antigüedad, los sacrificios se hacían ante el altar. Actualmente esa costumbre perdura.

Helen Rowland

Estoy enamorado de la misma mujer desde hace cuarenta años... Si mi esposa se entera me mata.

Henny Youngman

Más de uno le debe su éxito a su primera esposa, y su segunda esposa a su éxito.

Jim Backus

El ochenta por ciento de los hombres casados engaña a sus esposas en los Estados Unidos. El resto lo hace en Europa.

Jackie Mason

Para un buen matrimonio hay que enamorarse muchas veces, siempre de la misma persona.

Mignon McLaughlin

El matrimonio es como la vida real; un campo de batalla y no un lecho de rosas.

Robert L. Stevenson

La edad de casarse llega mucho antes que la de quererse.

Friedrich Nietzsche

Yo creo en las familias numerosas: toda mujer debería tener al menos tres maridos.

Zsa Zsa Gabor

Todas las mujeres deberían casarse; los hombres, no.

Benjamin Disraeli

Es curioso este juego del matrimonio. La mujer tiene siempre las mejores cartas y siempre pierde la partida.

Oscar Wilde

El que se casa por todo pasa.

Refrán

La felicidad en el matrimonio depende enteramente de la suerte.

Jane Austen

El amor es física. El matrimonio, química.

Alejandro Dumas

El melón y el casamiento
han de ser acertamiento.

Refrán

El encanto del matrimonio es que provoca el desencanto necesario por las dos partes.

Oscar Wilde

Se llama matrimonio de conveniencia a un matrimonio de personas que no se convienen en absoluto.

Oscar Wilde

Quien mal casa, tarde enviuda.

Refrán

Solamente el bígamo cree de verdad en el matrimonio.

G. K. Chesterton

Si te casas lo lamentarás. Si no te casas, también lo lamentarás.

Sören Kierkegaard

El matrimonio es como una jaula; uno ve a los pájaros desesperados por entrar, y a los que están dentro igualmente desesperados por salir.

Michel Eyquem de Montaigne

El matrimonio es al amor lo que el vinagre al vino. El tiempo hace que pierda su primer sabor.

Lord Byron

El matrimonio, como los injertos, prende bien o prende mal.

Victor Hugo

El amor es ciego, pero el matrimonio le restaura la vista.

Georg Christoph Lichtenberg

Casarás y amansarás.

Refrán

Cuando un hombre se casa por segunda vez, es porque adoraba a su primera mujer.

Oscar Wilde

Cásate demasiado pronto y te arrepentirás demasiado tarde.

Anónimo

La mejor base para un matrimonio feliz es la mutua incomprensión.

Oscar Wilde

Me preguntas si debes o no casarte; pues, de cualquier cosa que hagas te arrepentirás.

Sófocles

Casamiento y mortaja, del cielo baja.

Refrán

Cuando dos personas están bajo la influencia de la más violenta, la más insana, la más ilusoria y la más fugaz de las pasiones, se les pide que juren que seguirán continuamente en esa condición excitada, anormal y agotadora hasta que la muerte los separe.

George Bernard Shaw

Es cierto que no te quiero tanto como cuando éramos novios, pero es que a mí nunca me han gustado las mujeres casadas.

Proverbio americano

Antes de poner en duda el buen juicio de tu mujer, fíjate con quién se ha casado ella.

Proverbio egipcio

El matrimonio, al contrario de la fiebre, comienza con calor y termina con frío.

Georg Christoph Lichtenberg

El amor es un juego; el casamiento un negocio.

Alberto Moravia

Casarse con un hombre es como comprar algo que has estado mirando mucho tiempo en un escaparate. Quizá te sigue gustando cuando te lo llevan a casa, pero no siempre hace juego con el resto de la decoración.

Jean Kerr

No es verdad que el matrimonio sea indisoluble. Se disuelve fácilmente en el aburrimiento.

Chumy Chúmez

Cásate con un arqueólogo. Cuanto más vieja te hagas, más encantadora te encontrará.

Agatha Christie

Cuando podía haber tomado esposa, no pude soportar a ninguna; y cuando pude soportar a alguna, ya no necesitaba a ninguna.

Immanuel Kant

Donde hay matrimonio sin amor, habrá amor sin matrimonio.

Benjamin Franklin

Antes del matrimonio se considera el amor teóricamente; en el matrimonio se pasa a la práctica. Ahora bien, todos saben que las teorías no siempre concuerdan con la práctica.

Henrik Ibsen

Cuando el amor ha sido una comedia, forzosamente el matrimonio tiene que derivar en drama.

Alphonse de Lamartine

Nunca aconsejéis a un hombre que desconfíe de una mujer con la que ya esté casado. Es demasiado tarde para él.

Lord Byron

La mujer llora antes del matrimonio, el hombre después.

Proverbio polaco

Para casarte, cuando joven es temprano y cuando viejo es tarde.

Diógenes Laercio

El matrimonio debe ser una relación ya de simpatía o ya de conquista.

George Eliot

Todos deben casarse; no es lícito sustraerse egoístamente a una calamidad general.

M. G. Saphir

Antes de casarse, un hombre declarará que sacrificaría su vida por ti. Después de casarse, no es capaz siquiera de sacrificar el periódico.

Helen Rowland

Matrimonio: estado o condición de una comunidad que se compone de un señor, una concubina y dos esclavos, todo en sólo dos personas.

Ambrose Bierce

El matrimonio es como la muerte: pocos llegan a él convenientemente preparados.

Niccolò Tommaseo

Bueno es ser casado si no tuviese cuidado.

Refrán

En el matrimonio la mujer toma el nombre del marido, como un vencedor el nombre de la batalla ganada.

M. G. Shapir

Seguramente existen muchas razones para los divorcios, pero la principal es y será la boda.

Jerry Lewis

Indudablemente la época más feliz del matrimonio es la luna de miel; lo malo es que para repetirla han de suceder cosas muy desagradables.

Noel Clarasó

Si realmente el período de noviazgo es el más bello de todos, ¿por qué se casan los hombres?

Sören Kierkegaard

No quiso la lengua castellana que de casado a cansado hubiese más de una letra de diferencia.

Lope de Vega

El matrimonio debe combatir sin tregua un monstruo que lo devora todo, la costumbre.

Honoré de Balzac

Un filósofo casado es, para decirlo claro, una figura ridícula.

Friedrich Nietzsche

Los solteros saben más acerca de las mujeres que los casados; si no fuese así, ellos también lo estarían.

Henry-Louis Mencken

Los hombres solteros deberían pagar impuestos altísimos. No es justo que algunos hombres sean más felices que otros.

Oscar Wilde

5

CONTRA EL MUNDO DE LAS LETRAS

Cuando veáis a un escritor que se mete con todo el mundo, es que aspira a que todo el mundo se meta con él. No habiendo podido ser admirado anhela ser temido.

Santiago Ramón y Cajal

El amor es la poesía de los sentidos. Pero hay poesías malísimas.

Antonio Gala

¡Cuántos autores, aun de nuestros días, cuántos críticos y jueces de las letras, o que se dan por tales, tendrían necesidad de recordar que la ortografía es el comienzo de la Literatura!

Charles Augustin Sainte-Beuve

Nunca releo mis libros, porque me da miedo.

Gabriel García Márquez

Un buen escritor expresa grandes cosas con pequeñas palabras; a la inversa del mal escritor, que dice cosas insignificantes con palabras grandiosas.

Ernesto Sábato

La poesía siempre ha sido minoritaria, y quizá ahora más.

Fernando Savater

La sabiduría nos llega cuando ya no nos sirve de nada.

Gabriel García Márquez

Los libros sólo tienen valor cuando conducen a la vida y le son útiles.

Hermann Hesse

Los biógrafos son los flagelos del siglo, ni más ni menos. Cada gran hombre tiene sus discípulos, y siempre es Judas el que le hace la biografía.

Oscar Wilde

Los que escriben como hablan, por bien que hablen, escriben muy mal.

Georges Louis Leclerc, conde de Buffon

El principal deber de un literato desconocido es ser interesante. El derecho de ser aburrido pertenece a los escritores célebres.

E. Berr

Ningún hombre debería escribir a no ser que estuviese convencido de que él está en posesión de la verdad y otro hombre está en el error.

G. K. Chesterton

Nunca he podido entender por qué una persona se pasa dos años escribiendo una novela, cuando puede comprar una por unos dólares.

Fred Allen

Aunque soy hombre de letras, no debéis suponer que no he intentado ganarme la vida honradamente.

George Bernard Shaw

He firmado tantos ejemplares de mis libros que el día que me muera va a tener un gran valor uno que no lleve mi firma.

Jorge Luis Borges

Hice un curso de lectura rápida y fui capaz de leerme *Guerra y Paz* en veinte minutos. Creo que decía algo de Rusia.

Woody Allen

Un libro es un regalo estupendo, porque muchas personas sólo leen para no tener que pensar.

André Maurois

Que se le mantenga alejado de papel, pluma y tinta; así podrá dejar de escribir y aprenderá a pensar.

Proverbio inglés

No es preciso tener muchos libros, sino tenerlos buenos.

Séneca

Los libros tienen los mismos enemigos que el hombre: el fuego, la humedad, los animales, el tiempo y su propio contenido.

Paul Valéry

Dicen que soy un gran escritor. Agradezco esa curiosa opinión, pero no la comparto. El día de mañana, algunos lúcidos la refutarán fácilmente y me tildarán de impostor o chapucero o de ambas cosas a la vez.

Jorge Luis Borges

¿Qué sería un escritor sin esa traba que le obliga a sutiles vueltas y revueltas para decir lo que no se puede decir? La técnica literaria sale ganando.

José Martínez Ruiz

Decía un pobre escritor viejo: «No hay duda, estoy en plena decadencia; ya no tengo más que amigos y admiradores».

Jacinto Benavente

Los pocos poemas que han sido ocasionalmente creados en época de abstinencia no son de gran interés.

Wilheim Reich

Aunque la indignación puede hacer un gran poeta, el mal carácter hace siempre un pobre crítico.

Oscar Wilde

Desde el momento en que cogí su libro me caí al suelo rodando de risa. Algún día espero leerlo.

Groucho Marx

La mayor parte de los críticos se parecen a los papagayos. Se han apropiado de tres o cuatro palabras y las repiten a todo evento.

Franz Grillparzer

La lectura es a veces una estratagema para eludir pensar.

Arthur Helps

¿No sabéis quiénes son los críticos? Aquellos que no han tenido éxito en la literatura y en el arte.

Benjamin Disraeli

Todos los libros pueden dividirse en dos clases: libros del momento y libros de todo momento.

John Ruskin

Deseara yo que los libros se hiciesen para enseñar. En vez de eso se escriben para hacer alarde de saber.

Anónimo

Que otros se jacten de las páginas que han escrito; a mí me enorgullecen las que he leído.

Jorge Luis Borges

Leer demasiados libros es peligroso.

Mao Tse-Tung

La enorme multiplicación de libros, de todas las ramas del conocimiento, es uno de los mayores males de nuestra época.

Edgar Allan Poe

Un libro puede ser agradable con muchas imperfecciones y enojosísimo sin tener un defecto.

Oliver Goldsmith

Un mal escritor es alguien cuya vida resulta más interesante que su obra.

John Irving

Escribir en verso libre es como jugar al tenis con la red abajo.

Robert Lee Frost

Ciertamente, es agradable ver estampado el propio nombre; un libro es siempre un libro, aunque no contenga nada.

Lord Byron

Lo peor es cuando has terminado un capítulo y la máquina de escribir no aplaude.

Orson Welles

La literatura es una extraña máquina que traga, que absorbe todos los placeres, todos los acontecimientos de la vida. Los escritores son vampiros.

George Bernard Shaw

La mejor defensa contra la mala literatura es una experiencia plena de la buena; así como para protegerse de los bribones es mucho más eficaz intimar realmente con personas honestas que desconfiar por principio de todo el mundo.

C. S. Lewis

Ningún escritor joven desea tanto la crítica constructiva como la alabanza.

William Hill

El talento solo no basta para hacer un escritor. Detrás del libro debe haber un hombre.

Ralph Waldo Emerson

Detesto la vulgaridad del realismo en la literatura. Al que es capaz de llamarle pala a una pala deberían obligarle a usar una. Es lo único para lo que sirve.

Oscar Wilde

Los malos libros provocan malas costumbres y las malas costumbres provocan buenos libros.

René Descartes

El escritor, muchas veces, es como un caballo de carreras que ha perdido su jinete y ya no sabe por qué está corriendo ni dónde está la meta y, sin embargo, se le exige seguir corriendo aunque no sepa ni hacia dónde ni por qué razón.

Antonio Gala

Yo sé que la poesía es imprescindible, pero no sé para qué.

Jean Cocteau

Cuando era joven leía casi siempre para aprender; hoy, a veces, leo para olvidar.

Giovanni Papini

El peligro de nuestra época está en que hay escritores que creen, de buena fe, que defender el amoralismo, la apatía, la ley de la jungla o el arte infernal es signo de valentía.

André Maurois

Las obras completas aplastan al lector; matan a los autores y arruinan a los editores.

Paul Morand

Leer un libro enseña más que hablar con su autor, porque el autor, en el libro, sólo ha puesto sus mejores pensamientos.

René Descartes

El cesto de la basura es el primer mueble en el estudio del escritor.

Ernest Hemingway

La diferencia entre literatura y periodismo es que el periodismo es ilegible y la literatura no es leída.

Oscar Wilde

Aquellos impecables autores son los que nunca escribieron.

William Hazlitt

Cuán vano es sentarse a escribir cuando aún no te has levantado para vivir.

Henry David Thoreau

Los escritores deformes son la conciencia diabólica del mundo.

Jean Giraudoux

Una buena novela nos dice la verdad sobre su protagonista; pero una mala nos dice la verdad sobre su autor.

G. K. Chesterton

Cuando un escritor principia a comerciar con su ingenio, no tarda en suspender los pagos.

Armando Palacio Valdés

El autor que habla de sus propios libros es peor que la madre que sólo habla de sus hijos.

Benjamin Disraeli

Si el escritor no se siente capaz de dejarse morir de hambre, debe cambiar de oficio. La verdad del escritor no coincide con la verdad de quienes reparten el oro.

Camilo José Cela

Las novelas nunca las han escrito más que los que son incapaces de vivirlas.

Alejandro Casona

Se ha de leer mucho, pero no muchos libros; ésta es una regla excelente.

Jaime Luciano Balmes

El mundo podría existir muy bien sin la literatura, e incluso mejor sin el hombre.

Jean Paul Sartre

La gloria o el mérito de algunos hombres es escribir bien; la de otros no escribir nada.

Jean de La Bruyère

La literatura es mentir bien la verdad.

Juan Carlos Onetti

Algunos escritores aumentan el número de lectores; otros sólo aumentan el número de libros.

Jacinto Benavente

Cuando un escritor extrema sus teorías es casi siempre porque nota que la indiferencia crece a su alrededor.

José María Tallada

No sé hasta qué punto un escritor puede ser revolucionario. Por lo pronto, está trabajando con el idioma, que es una tradición.

Jorge Luis Borges

Libro: «Botella al mar», se ha dicho. Pero con un mensaje equívoco, que puede ser interpretado de tantas maneras que difícilmente el náufrago sea localizado.

Ernesto Sábato

Y de veras que nunca sabes lo pomposo que va a resultar algo hasta que lo ves impreso.

Alisa Kwitney

No se hace buena literatura con buenas intenciones ni con buenos sentimientos.

André Gide

En mi época no había best sellers y no podíamos prostituirnos. No había quien comprara nuestra prostitución.

Jorge Luis Borges

Al mirar hacia atrás, el crítico ve la sombra de un eunuco. ¿Quién sería crítico si pudiera ser escritor?

George Steiner

Raramente los escritores escriben lo que piensan. Simplemente escriben lo que piensan que otras personas piensan que ellos piensan.

Elbert Hubbard

Yo en todos los libros acostumbro a leer el prefacio, porque a veces suele ser lo mejor de la obra.

Cecilia Böhl de Faber

El escritor original no es aquel que no imita a nadie, sino aquel a quien nadie puede imitar.

René de Chateaubriand

Era un escritor con una gran imaginación: imaginaba que todos sus libros se venderían.

José O. Caldas

Oficio curioso el de la literatura: mientras menos se hace, mejor hay que hacerlo.

Jules Renard

Los malos escritores son los que intentan expresar sus débiles ideas en el lenguaje de los buenos.

Georg Christoph Lichtenberg

Me dicen que no soy una mujer de este siglo, al gustarme la lectura pausada, y yo insisto que los pesados son los libros frívolos.

Laura Morante

Un escritor raramente está tan bien inspirado como cuando habla de sí mismo.

Jacques Anatole

Nunca leo novelas ni ensayos, sino biografías. Para mí, es más importante la vida de un hombre que sus sueños de papel.

Lindsay Kemp

Los libros que el mundo llama inmorales son los que muestran su propia vergüenza.

Oscar Wilde

El escritor sólo puede interesar a la humanidad cuando en sus obras se interesa por la humanidad.

Miguel de Unamuno

Quien escribe gusta del halago, pero el «escritor», en cambio, ha de aprender a gozar con el arrecio, con el golpe de martillo sobre el yunque de su obra.

Rafael Gibelli

Yo creo que de todos los géneros quizá el policial sea el más artificial, porque en verdad los crímenes no se resuelven por razonamientos, sino por delaciones.

Jorge Luis Borges

La mejor defensa contra la mala literatura es una experiencia plena de la buena; así como para protegerse de los bribones es mucho más eficaz intimar realmente con personas honestas que desconfiar por principio de todo el mundo.

C. S. Lewis

El autor que ha alcanzado fama corre el riesgo de verla disminuir, tanto si sigue escribiendo como si deja de hacerlo.

Samuel Johnson

La calidad literaria es inversamente proporcional al número de lectores.

Juan Benet

La única recompensa que puede esperarse del cultivo de la literatura es el desdén si se fracasa y el odio si se triunfa.

Voltaire

El que la Biblia no tenga ni huella de humor es uno de los hechos más extraordinarios de la literatura.

Alfred North Whitehead

La moral y los buenos sentimientos nada tienen que ver con la literatura, como sucede con la ciencia.

Claude Simon

Con nombres y apellidos

W. H. Auden

En Auden se da el curioso caso de un poeta que escribe en un lenguaje poético original, dentro de la más sólida tradición inglesa, pero que parece haber quedado retenido en la mentalidad de un escolar adolescente.

Edmund Wilson

Jane Austen

Para mí, la prosa de Poe es ilegible; como la de Jane Austen. No, hay una diferencia: podría leer su prosa si me pagaran, pero la de Jane no.

Mark Twain

Honoré de Balzac

Tiene las intuiciones de un genio, y las reflexiones de un imbécil.

Émile Faguet

Pío Baroja

No le cuadra el nombre de Pío, sino el de impío, clerófobo, deshonesto.

Pablo Ladrón de Guevara

Samuel Beckett

Intentando describir el tedio de la existencia humana, ha corrido el grave riesgo de aburrir concienzudamente a sus lectores.

San Francisco Chronicle

Albert Camus

Su estilo es poco atractivo y de dudosa corrección, como la expresión oblicua y artificial del hombre que da un rodeo para solicitar un crédito.

Anthony Quinton

Truman Capote

Siempre he dicho que el pequeño Truman tenía una voz tan alta que sólo podía ser detectada por un murciélago.

Tennesse Williams

Miguel de Cervantes

De poetas no digo, buen siglo es éste. Muchos en ciernes para el año que viene pero ninguno hay tan malo como Cervantes, ni tan necio que alabe a don Quijote.

Lope de Vega

Cicerón

El estilo de Cicerón me aburre. Cuando he pasado una hora leyéndole… e intento resumir lo que he sacado de su lectura, generalmente me doy cuenta de que no es nada sino viento.

Michel Eyquem de Montaigne

Joseph Conrad

Conrad pierde un día buscando la palabra justa, y luego la asesina.

Ford Maddox Ford

Dante

Una hiena que escribió poesía sobre las tumbas.

Friedrich Nietzsche

T. S. Eliot

Eliot ha demostrado que es capaz de escribir versos sin rima, pero eso es todo. Por lo demás, ha citado mucho, ha parodiado y ha imitado. Pero sus parodias son pobres y sus imitaciones de baja calidad.

New Statesman

William Faulkner

Pobre Faulkner... ¿De veras cree que las grandes emociones proceden de las grandes palabras?

Ernest Hemingway

Gustave Flaubert

Flaubert es animal de pata pesada. Se nota que es normando. Todas sus obras tienen peso específico. A mí me fastidian.

Pío Baroja

John Keats

No más Keats, os lo suplico. No hay quien aguante el baboso idiotismo de la Humanidad.

Lord Byron

Jack Kerouac

Lo que hace Kerouac no es escribir, es mecanografiar.

Truman Capote

Rudyard Kipling

Kipling es un imperialista reaccionario, es moralmente insensible y estéticamente desagradable.

George Orwell

D. H. Lawrence

D. H. Lawrence es una mente enferma: está obsesionado con el sexo. No nos cabe duda de que será condenado al ostracismo por todos los círculos literarios, salvo los más degenerados.

John Bull

Federico Mayor Zaragoza

Todo lo que escribe me parece una cursilada con inclinaciones totalitarias. Es como Ramonet y toda esa banda. Dicen que fue el ministro más tonto de la derecha democrática y antes el rector más joven del franquismo.

Federico Jiménez Losantos

Friedrich Nietzsche

«Tienes que llegar a ser lo que eres», dejó escrito Nietzsche, y terminó volviéndose loco.

Gérard Bauer

J. D. Salinger

La mayor mente que nunca permaneció en la escuela primaria.

Norman Mailer

William Shakespeare

Finalmente, he intentado leer a Shakespeare y lo he encontrado tan intolerablemente estúpido que me han entrado náuseas.

Charles Darwin

George Bernard Shaw

Shaw, deberías ser asado vivo; aunque ni aun así serías de mi gusto.

James Barrie

Percy B. Shelley

Shelley no debería ser leído, sino inhalado por una tubería de gas.

Lionel Trilling

Manuel Vázquez Montalbán

Como novelista, aburrido; como ensayista, tramposo; como poeta, inexistente; y como articulista, ahí sí, eficacísimo. Pienso que ha sido uno de los intelectuales más nefastos en España desde la Transición.

Federico Jiménez Losantos

Oscar Wilde

El soberano de los insufribles.

Ambrose Bierce

No hay que decir a Facundo
Que estudie buenos modelos.

¡Si los sabe de memoria!
Testigos todos sus versos.

Manuel Bretón de los Herreros
(Poesías, «A un plagiario»)

Confieso —no de mala voluntad y hasta con presteza y dicha en el ánimo— que algún ejemplo de genialidad española vale por literaturas enteras: don Francisco de Quevedo, Miguel de Cervantes. ¿Quién más? Dicen que don Luis de Góngora, dicen que Gracián, dicen que el Arcipreste. No los escondo, pero tampoco quiero acortarle la voz a la observación de que el común de la literatura española fue siempre fastidioso. Su cotidianería, su término medio, su gente, siempre vivió de las descansadas artes del plagio.

Jorge Luis Borges (en El idioma de los argentinos)

6

CONTRA EL MUNDO DE LA CIENCIA

La imaginación es más importante que el conocimiento. El conocimiento es limitado, la imaginación rodea el mundo.

Albert Einstein

Si la gente no piensa que las matemáticas son simples es sólo porque no se da cuenta de lo complicada que es la vida.

John Von Neumann

Examinen ustedes algunos fragmentos de pseudociencia y encontrarán un manto de protección, un pulgar que chupar, unas faldas a las que agarrarse. ¿Y qué ofrecemos nosotros a cambio? ¡Incertidumbre! ¡Inseguridad!

Isaac Asimov

Un intelectual es alguien que ha encontrado algo más interesante que el sexo.

Edgar Wallace

El buen cristiano debe permanecer alerta de los matemáticos y todos aquellos que realicen profecías vacías. Ya existe el peligro de que los matemáticos hayan hecho una alianza con el demonio para oscurecer el espíritu y confinar al hombre en las ataduras del Infierno.

San Agustín de Hipona

Todo el mundo hace caso de los barómetros, menos el tiempo.

Enrique Jardiel Poncela

No tiene ningún sentido ser preciso cuando ni siquiera sabes de lo que estás hablando.

John Von Neumann, sobre la labor de los matemáticos

Tengo una pregunta que a veces me tortura: ¿estoy loco yo o los locos son los demás?

Albert Einstein

Desconfío de las estadísticas: tenía un amigo que se ahogó atravesando un río cuya profundidad media era de ochenta centímetros.

Renato Rascel

Sólo puede escribir de ciencia quien la conoce. De modo que la rivalidad se reduce considerablemente.

Isaac Asimov

La estadística es la ciencia que demuestra que si mi vecino tiene dos automóviles y yo ninguno, los dos tenemos un automóvil.

George Bernard Shaw

El infierno debe ser isotermo, pues de no ser así los químicos y los fisicoquímicos (de los que allí debe de haber unos cuantos) podrían montar una máquina capaz de accionar un refrigerador con el fin de enfriar una porción del ambiente y mantenerla a la temperatura deseada.

Henry Albert Bent

Cualquiera que considere métodos aritméticos para producir dígitos aleatorios está, por supuesto, en pecado mortal.

John Von Neumann

[El doctor Constain James] refutó muy bien las aberraciones del darwinismo… [Un sistema] que es repugnante a la historia, a la tradición de toda la gente, a la ciencia exacta, a los hechos observados, y aun a la razón misma parecería no necesitar refutación. Pero la corrupción de esta edad, las maquinaciones de los perversos, el peligro de los simples, demandan que tales juegos, por muy completamente absurdos que sean, deban (ya que toman prestada la máscara de la ciencia) ser refutados por la ciencia verdadera.

Papa Pío IX

No hay nada tan horrible en la naturaleza como ver una hermosa teoría caer asesinada a manos de una malencarada banda de hechos.

Benjamin Franklin

Si formulas una hipótesis y aciertas eres un genio; si formulas una hipótesis y fallas, entonces sólo era una hipótesis.

Neil Bogart

Vivimos en una sociedad profundamente dependiente de la ciencia y la tecnología y en la que nadie sabe nada de estos temas. Ello constituye una fórmula segura para el desastre.

Carl Sagan

¿Por qué esta magnífica tecnología científica, que ahorra trabajo y nos hace la vida mas fácil, nos aporta tan poca felicidad? La respuesta es simplemente ésta: porque aún no hemos aprendido a usarla con tino.

Albert Einstein

No contrates a un químico para que te prepare una taza de café.

Michael A. Margolese

La ciencia se opone tanto a la historia y a la tradición que no puede ser absorbida por nuestra civilización.

Max Born

En el fondo, los científicos somos gente con suerte: podemos jugar a lo que queramos durante toda la vida.

Lee Smolin

Cuán terrible es lo que los científicos guardan en sus portafolios.

Nikita Jruschov

En principio la investigación necesita más cabezas que medios.

Severo Ochoa

Un poco de ciencia aleja de Dios, pero mucha ciencia devuelve a Él.

Louis Pasteur

La ciencia humana consiste más en destruir errores que en descubrir verdades.

Sócrates

En tanto las leyes de la matemática se refieren a la realidad, no son ciertas; en tanto son ciertas, no se refieren a la realidad.

Albert Einstein

La ciencia se compone de errores, que a su vez, son los pasos hacia la verdad.

Julio Verne

La ciencia más útil es aquélla cuyo fruto es el más comunicable.

Leonardo Da Vinci

En lo tocante a la ciencia, la autoridad de un millar no es superior al humilde razonamiento de una sola persona.

Galileo Galilei

La ciencia no me interesa. Ignora el sueño, el azar, la risa, el sentimiento y la contradicción, cosas que me son preciosas.

Luis Buñuel

La ciencia que se aparte de la justicia más que ciencia debe llamarse astucia.

Cicerón

Ciencia es todo aquello sobre lo cual siempre cabe discusión.

José Ortega y Gasset

Los conceptos y principios fundamentales de la ciencia son invenciones libres del espíritu humano.

Albert Einstein

El que la ciencia pueda sobrevivir largamente depende de la psicología; es decir, depende de lo que los seres humanos deseen.

Bertrand Russell

Las ciencias tienen las raíces amargas, pero muy dulces los frutos.

Aristóteles

La ciencia es orgullosa por lo mucho que ha aprendido; la sabiduría es humilde porque no sabe más.

William Cowper

Sería posible describir todo científicamente, pero no tendría ningún sentido; carecería de significado el que usted describiera la sinfonía de Beethoven como una variación de la presión de la onda auditiva.

Albert Einstein

Son vanas y están plagadas de errores las ciencias que no han nacido del experimento, madre de toda certidumbre.

Leonardo Da Vinci

La ciencia, a pesar de sus progresos increíbles, no puede ni podrá nunca explicarlo todo. Cada vez ganará nuevas zonas a lo que hoy parece inexplicable. Pero las rayas fronterizas del saber, por muy lejos que se eleven, tendrán siempre delante un infinito mundo de misterio.

Gregorio Marañón

Cuando un científico prestigioso pero anciano afirma que algo es imposible, lo más probable es que esté equivocado.

Arthur C. Clarke

El universo visible, es decir, la realización o encarnación del pensamiento divino, es la causa ocasional de la ciencia.

Juan Valera

La ciencia daña tanto a los que no saben servirse de ella, cuanto es útil a los demás.

Anaxágoras

La meta ideal de la filosofía sigue siendo puramente la concepción del mundo que, precisamente, en virtud de su esencia, no es ciencia. La ciencia no es nada más que un valor entre otros.

Edmund Husserl

La ciencia consiste en sustituir el saber que parecía seguro por una teoría, o sea, por algo problemático.

José Ortega y Gasset

La ciencia es para el mundo moderno lo que el arte fue para el antiguo.

Benjamin Disraeli

Ciencia es el arte de crear ilusiones convenientes, que el necio acepta o disputa, pero de cuyo ingenio goza el estudioso, sin cegarse ante el hecho de que tales ilusiones son otros tantos velos para ocultar las profundas tinieblas de lo insondable.

Carl Gustav Jung

Las estadísticas me producen la misma impresión que las minifaldas: muestran lo atractivo, ocultan lo vital.

Doris Band

Algún día la ciencia puede llegar a tener la vida del hombre en sus manos y, haciendo estallar el mundo, la especie humana puede incurrir en un suicidio colectivo.

Henry Adams

A los hombres les encanta maravillarse. Esto es la semilla de la ciencia.

Ralph Waldo Emerson

La ciencia es un cetro en ciertas manos, al paso que en otras tan sólo es un palitroque.

Michel Eyquem de Montaigne

La ciencia no sirve sino para darnos una idea de cuán vasta es nuestra ignorancia.

Félecité de Lamennais

En la vejez la ciencia es para nosotros un cómodo refugio; y si no la plantamos de jóvenes, no nos dará sombra cuando seamos viejos.

Conde de Chesterfield

Poco me satisface aquella ciencia que no ha sabido hacer virtuosos a quienes la profesaron.

Salustio

La estadística es una ciencia según la cual todas las mentiras se tornan cuadros.

Pitigrilli

Por dolorosa experiencia, hemos aprendido que la razón no basta para resolver los problemas de nuestra vida social. La penetrante investigación y el sutil trabajo científico han aportado a menudo trágicas complicaciones a la humanidad (...) creando los medios para su propia destrucción en masa. ¡Tragedia, realmente, de abrumadora amargura!

Albert Einstein

¿Qué sabe el pez del agua donde nada toda su vida?

Albert Einstein

Nada vale la ciencia si no se convierte en conciencia.

Carlo Dossi

Las ciencias aplicadas no existen, sólo las aplicaciones de la ciencia.

Louis Pasteur

En el punto donde se detiene la ciencia, empieza la imaginación.

Jules de Gaultier

La ciencia y la sabiduría, lejos de ser una misma cosa, no tienen entre sí a menudo conexión alguna.

William Cowper

Si tu experimento necesita estadística, deberías haber hecho uno mejor.

Ernest Rutherford

Hay tres clases de mentiras: la mentira, la maldita mentira y las estadísticas.

Mark Twain

La ciencia rivaliza con la mitología en milagros.

Ralph Waldo Emerson

La ciencia que sirve para hacernos orgullosos y que degenera en pedantería no vale más que para deshonrarnos.

San Francisco de Sales

La ciencia es un magnífico mobiliario para el piso superior de un hombre, siempre y cuando su sentido común esté en la planta baja.

Olivier W. Holmes

La ciencia que la humanidad tiene en un momento dado depende de lo que es la humanidad en ese momento.

Georg Simmel

Una falsa ciencia hace ateos; una verdadera ciencia posterna al hombre ante la divinidad.

Voltaire

¿Debo rechazar mi cena porque no entiendo completamente el proceso de digestión?

Wilfred Batten Lewis Trotter

Las verdades que revela la ciencia superan siempre a los sueños que destruye.

Joseph Ernest Renan

Hace falta una mente muy poco corriente para acometer el análisis de lo obvio.

Alfred North Whitehead

Las matemáticas pueden ser definidas como aquel tema del cual no sabemos nunca lo que decimos ni si lo que decimos es verdadero.

Bertrand Russell

Ciencia sin seso, locura doble.

Baltasar Gracián

Su teoría es descabellada, pero no lo suficiente para ser correcta.

Niels Bohr a un joven físico

Ciencia sin conciencia no es más que ruina del alma.

François Rabelais

Las matemáticas se escriben para los matemáticos.

Nicolás Copérnico

La ciencia es el misticismo de los hechos; la verdad es que nadie sabe nada.

Leonid Andréiev

La física se está volviendo tan increíblemente compleja que cada vez lleva más tiempo preparar a un físico. De hecho lleva tanto tiempo preparar a un físico para que llegue al punto en que entienda la naturaleza de los problemas físicos que cuando llega ya es demasiado viejo para resolverlos.

Eugene Winger

Un matemático es una máquina para transformar café en teoremas.

Paul Erdös

La ciencia es como la tierra; sólo se puede poseer un poco de ella.

Voltaire

Los científicos que formulan hipótesis deberían construir sobre ellas grandes edificios que las alberguen.

Jean Piaget

Yo creo que la verdad es perfecta para las matemáticas, la química, la filosofía, pero no para la vida. En la vida, la ilusión, la imaginación, el deseo, la esperanza cuentan más.

Ernesto Sábato

Si sólo los políticos y científicos fueran un poco más vagos, ¡cuánto más felices seríamos todos!

Arthur Evelyn Waugh

Ciencia es creer en la ignorancia de los científicos.

Richard Phillips

El científico trata de satisfacer sus propias ansiedades humanas.

Ángel Jordán Goñi

Un buen trago de whisky al acostarse; no es muy científico, pero ayuda.

Sir Alexander Fleming

Las matemáticas no mienten, lo que hay son muchos matemáticos mentirosos.

Henry David Thoreau

Un científico es un hombre tan endeble y humano como cualquiera; sin embargo, la búsqueda científica puede ennoblecerle, incluso en contra de su voluntad.

Isaac Asimov

La ciencia son hechos; de la misma manera que las casas están hechas de piedras, la ciencia está hecha de hechos; pero un montón de piedras no es una casa y una colección de hechos no es necesariamente ciencia.

Henry Pincare

La investigación es el proceso de recorrer callejones para ver si no tienen salida.

Marston Bates

Ciencia: la pequeña parte de nuestra ignorancia que tenemos clasificada y ordenada.

Ambrose Bierce

La ciencia tiene como meta: el menor dolor posible, una vida lo más larga posible..., por consiguiente, una especie de felicidad eterna, ciertamente muy modesta en comparación con las promesas de las religiones.

Nietzsche

Triste epoca la nuestra, es mas facil desintegrar un atomo que un prejuicio.

Albert Einstein

La ciencia es el mas grande laboratorio de la conquista humana, pero es también el mayor escenario de los fracasos.

Rafael navas

Con nombres y apellidos

Aristóteles

Aristóteles manifestaba que las mujeres tenían menos dientes que los hombres; aunque se casó dos veces, nunca se le ocurrió comprobar esta afirmación examinando la dentadura de sus esposas.

Bertrand Russell

Charles Darwin

El hombre que calumnió a los monos.

Calandrino

Albert Einstein

Cambiaría diez conversaciones con Einstein por una cita con una bella corista.

Albert Camus

Einstein, deje de decirle a Dios lo que tiene que hacer.

Niels Bohr

Miguel Servet

Este hombre es un sabio, y pensó, sin duda, enseñar la verdad; pero cayó en poder del demonio. Tened cuidado para que no os suceda a vosotros lo mismo.

Guillaume Farel, durante la ejecución de Servet

Obispo Samuel Wilberforce

Si hubiera de tener por abuelo o bien a un triste simio o bien a un hombre muy dotado por la naturaleza y en posesión de grandes medios e influencia y que, sin embargo, emplea tales facultades para el simple propósito de introducir el ridículo en un debate científico de gran seriedad, sin la menor duda afirmo mi preferencia por el simio.

Thomas Henry Huxley, en defensa del Origen de las especies de su gran amigo Charles Darwin

ON
OFF
$1.000.000

7

CONTRA EL MUNDO DE LA FARÁNDULA

He disfrutado mucho con esta obra de teatro, especialmente en el descanso.

Groucho Marx

No hay más que asomarse a los titiriteros de cine y de teatro: ni uno es de derechas o no se atreve a decirlo. Pero luego dice alguno que son cosas de mi sectarismo abominable.

Federico Jiménez Losantos

En esta industria, todos sabemos que detrás de un buen guionista hay siempre una gran mujer, y que detrás de ésta está su esposa.

Groucho Marx

Dejé de creer en Santa Claus cuando tenía seis años. Mi madre me llevó a verle a unos grandes almacenes y me pidió un autógrafo.

Shirley Temple

Un actor es una persona que no te escucha a menos que estés hablando de él.

Marlon Brando

Ser director de cine en España es como ser torero en Japón.

Pedro Almodóvar

Esa película es más que magnífica, es mediocre.

Samuel Goldwyn

Encasillados nos sentimos todos los actores del mundo, nadie se escapa de eso, desde Robert de Niro pasando por Jack Lemon.

Antonio Molero

En Hollywood tienen mucho respeto por los muertos y ninguno por los vivos.

Errol Flynn

Creía que un drama era cuando llora el actor, pero la verdad es que es cuando llora el público.

Frank Capra

Lo normal en el cine de Hollywood es que cuanto mayor es el presupuesto, más simple suele ser el personaje.

Matt Damon

El cine… ese invento del demonio.

Antonio Machado

En Hollywood te pueden pagar mil dólares por un beso, pero sólo cincuenta centavos por tu alma.

Marilyn Monroe

Todas las películas de cualquier cineasta, buenas, malas o indiferentes, terminan siendo, al menos en cierto sentido, variaciones sobre el mismo tema.

Robert Altman

El arte moderno ha entrado por un camino errado, porque en nombre de la mera autoafirmación ha renunciado a la búsqueda del sentido de la vida.

Andrei Tarkovski, director de cine

El mejor cine político es no hacer cine.

Marco Ferreri

Hoy en día, califico el cine de industria. Y pensar que podría haber sido un arte, pero lo han convertido en una industria. Han matado el arte.

Fritz Lang

Nunca voy a ver películas donde el pecho del héroe es mayor que el de la heroína.

Groucho Marx

El negocio del cine es macabro, grotesco: es una mezcla de partido de fútbol y de burdel.

Federico Fellini

Los actores son ganado.

Alfred Hitchcock

Lo que yo hago es una cosa muy vulgar y probablemente por eso tengo éxito.

Alex de la Iglesia

Un actor es un señor que hoy come faisán y mañana se come las plumas.

Fidel Pintos

Cuando un actor me viene diciendo que quiere discutir su personaje, yo le digo «Está en el guión». Si él me dice: «Pero ¿cuál es mi motivación», yo le digo: «Tu sueldo».

Alfred Hitchcock

Hollywood es como estar en ningún lugar hablando a nadie sobre nada.

Michelangelo Antonioni

Quienquiera que cultive la fantasía en el arte está un poco loco. Su problema estriba en hacer interesante esa locura.

François Truffaut

Esto del cine es una mierda.

Fernando Fernán Gómez
(El viaje a ninguna parte)

El cine es un vehículo de expresión, pero no estoy muy seguro de que sea un arte.

Fernando Fernán Gómez

Para ser un buen director hay que ser un hijo de puta. Yo soy un hijo de puta y lo sé.

Henry Hathaway

Los productores, excepto los grandes, son aquellos que, como no sabían escribir, no sabían dirigir, no sabían actuar, no sabían componer... acaban por estar a la cabeza de todo.

Billy Wilder

Cuando dirijo, hago de padre; cuando escribo, hago de hombre; cuando actúo, hago el idiota.

Jerry Lewis

Mi invento del fonógrafo no tiene ningún valor comercial.

Thomas Alva Edison

Todo lo que se necesita para dirigir es alguien que te dé el trabajo. Así que me dije «Chico, el trabajo es tuyo».

Clint Eastwood

Una pantalla grande sólo hace el doble de mala a una mala película.

Samuel Goldwyn

Lo más importante es tener un buen guión. Los cineastas no son alquimistas. No se pueden convertir los excrementos de gallina en chocolate.

Billy Wilder

La fotografía es verdad. y el cine es verdad 24 veces por segundo.

Jean Luc Goddard

Para escribir el guión de una buena película hacen falta dos años, para rodarla dos meses, para efectuar el montaje dos semanas, para dar los últimos retoques dos días, para verla dos horas, y para olvidarla dos minutos

Joseph Leo Mankiewicz

La película excelente es aquella en la que el guionista escribió lo que nosotros pensamos.

Rafael Navas

Con nombres y apellidos

Ben Affleck

Ben Affleck es a la buena interpretación lo que un pepinillo cocido a la alta cocina.

Antonio Gasset

Woody Allen

Nunca he sido un fan de Woody Allen. Lo siento. Alguien me cerró esa puerta. Nunca he sido capaz de apreciar su humor. Lo encuentro neurótico.

George C. Scott

Pedro Almodóvar

Lo mejor que se puede decir de él es que parece un buen decorador de interiores.

Mark Finch

Julie Andrews

Trabajar con ella es como que te golpeen en la cabeza con una tarjeta de San Valentín.

Christopher Plummer

Michelangelo Antonioni

Antonioni seguro que es un gran director, un gran artista. Pero en lo que a mí se refiere, soy incapaz de mantenerme despierto.

Billy Wilder

Humphrey Bogart

Humphrey Bogart vino la otra noche a casa y acabó completamente borracho, algo por otra parte bastante normal en él. Cuando va cocido es un pelmazo, pero la verdad es que no mejora mucho cuando está sobrio.

Groucho Marx

Lloró en todas sus bodas, y con razón.

Lauren Bacall

Marlon Brando

Tiene la mentalidad de un niño de once años… Cuando no actúa es casi tan interesante como hablar con un muro de carga.

Burt Reynolds

Richard Burton

¿Quién podría tomar en serio a este miedoso bufón arrogante?

Eddie Fisher

Charles Chaplin

Cuando Chaplin encontró una voz para decir lo que estaba en su cabeza, fue como un niño de ocho años escribiendo letras para la Novena Sinfonía de Beethoven.

Billy Wilder

Montgomery Clift

Actúa como si una batidora le estuviera subiendo por el culo y no quisiera que nadie lo notase.

Marlon Brando

Joan Collins

La carrera de Joan Collins es un testimonio del *chic* menopáusico.

Erica Jong

Francis Ford Coppola

Todo lo que Francis hace por ti siempre acaba beneficiando sobre todo a Francis.

George Lucas

Joan Crawford

La vez que mejor vi a Joan Crawford fue cuando la tiré escaleras abajo en *¿Qué sucedió con Baby Jane?*

Bette Davis

No hay bastante dinero en Hollywood para obligarme a hacer otra película con Joan Crawford. Y me gusta el dinero.

Sterling Hayden

Tom Cruise

Se estrena estos días la película *El último samurái,* protagonizada por el ex marido de Nicole Kidman, único dato destacable de este actor llamado Tom Cruise.

Antonio Gasset

Doris Day

Soy tan viejo que recuerdo a Doris Day antes de que fuera virgen.

Groucho Marx

James Dean

Si hubiera vivido, se habría descubierto que no fue ninguna leyenda.

Humphrey Bogart

Bo Derek

Es tan estúpida que devuelve las bolas de bolos porque tienen agujeros.

Joan Rivers

Kirk Douglas

Kirk sería el primero en decirte que es un hombre difícil. Yo sería el segundo.

Burt Lancaster

Jean-Luc Godard

Comprendo sin dificultad por qué Godard ha podido por sí solo exterminar varias empresas productoras.

Billy Wilder

Marilyn Monroe

Me han preguntado si volveré a trabajar con Marilyn Monroe, y tengo una respuesta clara. Lo he discutido con mi médico, mi psiquiatra y mi contable, y todos me han dicho que soy demasiado viejo y demasiado rico para someterme de nuevo a una prueba semejante.

Billy Wilder

Michael Moore

Es un cretino manipulador y un miserable. Como Chomsky y su patulea. Los progres americanos son peores que los europeos y, encima, traidores a su país. A veces parecen españoles.

Federico Jiménez Losantos

Premios Goya de la Academia

El premiado (Pedro Almodóvar) no asistió. Es lo único en lo que estoy de acuerdo con Almodóvar. Esta gente cuanto más lejos, mejor.

Federico Jiménez Losantos

8

CONTRA EL MUNDO DE LA MÚSICA

Los músicos son terriblemente irrazonables. Siempre quieren que uno sea totalmente mudo en el preciso momento en que uno desea ser completamente sordo.

Oscar Wilde

Aprender música leyendo teoría musical es como hacer el amor por correo.

Luciano Pavarotti

Las bandas de música son como copiar a Botticelli con brocha o tocar a Mozart con un candado.

Francisco Umbral

El arte de dirigir consiste en saber cuándo hay que abandonar la batuta para no molestar a la orquesta.

Herbert Von Karajan

La música que no describa algo no es más que ruido.

Parménides de Elea

Es extraordinario lo potente que es la mala música.

Noel Coward

El infierno está lleno de músicos aficionados.

George Bernard Shaw

No escribo música moderna, sólo escribo buena música.

Igor Strawinsky

Hay dos reglas de oro para una orquesta: comenzar a la vez y terminar a la vez. Al público no le importa lo más mínimo lo que pase entre medias.

Thomas Beecham

A la música va unida cierta falta de urbanidad porque daña la libertad de los demás.

Immanuel Kant

Sé lo que mis amigos piensan de las bandas de chicos, que es exactamente lo que yo pienso. El estar en una de ellas era bastante vergonzoso.

Robbie Williams

Hubo un tiempo en que los jóvenes cantaban la música rock para enfadar a los viejos. Según parece, hoy lo cantan los viejos para abochornar a los jóvenes.

Craig Brown

He leído que la música es el único lenguaje universal, y no estoy de acuerdo, pues observo que en este lenguaje las distintas generaciones nunca se entienden.

León Daudet

A los cantantes protesta les hemos sucedido los cantantes de próstata.

Joaquín Sabina

Músico pagado
no toca un buen son.

Refrán

Si el rock & roll va a continuar, yo debería suicidarme.

Sammy Davis, Jr.

Odio la música, especialmente cuando es interpretada.

Jimmy Durante

Tenemos que culpar a Edison por el actual rock & roll: él descubrió la electricidad.

Stan Getz

Hoy en día una compañía discográfica, salvo que sea independiente o pequeña, no es una compañía discográfica, es un ramal de una multinacional que lo mismo fabrica discos, que ordenadores, que armas, que coches…

Olvido Gara, Alaska

Nunca he oído algo con una letra tan ridícula, tan afectadamente sentimental, tan repetitivo y con una melodía tan poco inspirada. ¡Estamos ante un best-hit!

Brad Anderson

El jazz es cinco hombres en el mismo escenario tocando cada uno una canción diferente.

Mail On Sunday

La música de discoteca es un periodo de la música McDonald.

Melba Moore

Los baterías de rock deberían ser metidos en cápsulas espaciales y que sus culos se perdieran en el espacio exterior.

Elvin Jones

Jazz: una terrible venganza de la cultura de los negros sobre la de los blancos.

Ignaz Paderewski

Cantar copla sin bata de cola es como torear en vaqueros.

Charo Reina

Rock: la forma de expresión más fea, brutal, desesperada y depravada que yo haya tenido la desgracia de escuchar.

Frank Sinatra

La ópera es cuando un tipo es apuñalado por la espalda, y a pesar de todo canta.

Ed Gardner

El jazz perdurará mientras la gente lo siga oyendo con los pies y no con la cabeza.

John Phillip Sousa

Demasiadas piezas finalizan demasiado después de su final.

Igor Stravinski

La gaita suena exactamente igual cuando has terminado de aprender a tocarla que cuando acabas de empezar.

Thomas Beecham

La ópera es a la música lo que un burdel a una catedral.

Henry-Louis Mencken

El acordeón es un instrumento con los sentimientos de un asesino.

Ambrose Bierce

El clarinete es un instrumento de tortura manejado por una persona con algodón en los oídos.

Ambrose Bierce

De todos los ruidos que conoce el hombre, la ópera es el más caro.

Molière

Quizá fue porque Nerón tocaba la lira por lo que quemaron Roma.

Oliver Herford

El mundo del *rap* es muy competitivo. Reparten puñetazos verbales. Es un arte saber decir lo bueno que eres al tiempo que te cargas a otro. Y los piques del *rap* son mariconadas comparados con Quevedo y Góngora.

David Muñoz (Estopa)

No es difícil tocar el acordeón. Cualquiera que sepa doblar un mapa de carreteras podrá hacerlo.

Robert Orben

A veces creo que me gustaría más la ópera sin el canto.

John Amis

El problema del rock español es el cutrerío, la litrona.

Loquillo

Nunca me gustó esa palabra, *rock*, porque para mí esto siempre significaba algún tipo con su camisa abierta, con mucho pelo…

Elvis Costello

La gente se equivoca al decir que la ópera ya no es lo que solía ser. Es exactamente lo que solía ser. Eso es lo malo.

Noel Coward

A veces me pregunto qué sería mejor: la ópera sin entreactos o un entreacto sin ópera.

Ernest Newman

Empecé a sentir que deseaba escribir música que valiera la pena, es decir para mí, para lo cual debía mantenerme alejado de los músicos.

Charles Ives

Demasiados compositores de nuestra época pretenden ser «modernos», sin poseer el don de la originalidad. Y no comprenden que todo artista original es moderno por fuerza.

Heitor Villa-Lobos

En la ópera, cualquier cosa que es demasiado estúpida para ser dicha es cantada.

Voltaire

Ser el número uno en la lista de éxitos es lo mismo que ser el número dieciséis, sólo que más personas te besan el culo.

Kurt Cobain

Pasarse el tiempo tocando escalas con rapidez es bastante fácil. Es mucho más difícil bajar la velocidad y simplemente sostener una nota.

Ritchie Blackmore (Deep Purple)

Ahora vivimos en la censura económica: lo que no vende no sirve. Y si no logras mantenerte una semana con audiencia suficiente, se te retira.

Olvido Gara, Alaska

La música japonesa es una tortura china.

Woody Allen

Tengo muy claro que el actual sistema de la actual industria discográfica se vendrá abajo en unos dos años.

Seal (2004)

Una inalterable e incuestionable ley del mundo musical requiere que los textos germanos de las óperas francesas cantadas por artistas suecos deban ser traducidos al italiano para su mejor comprensión del público angloparlante.

Edith Wharton

Con nombres y apellidos

The Beatles

Los Beatles no son simplemente monstruosos. Son increíblemente horribles, tan espantosamente faltos de musicalidad, tan dogmáticamente insensibles a la magia del arte, que los califico como las testas coronadas de la antimúsica.

William F. Buckel, Jr.

The Bee Gees

¿Por qué cantan así?

Roger Daltrey

Ludwig van Beethoven

Beethoven siempre suena como un trasiego de maletas llenas de clavos, con un martillo golpeando acá y allá.

John Ruskin

Hector Berlioz

Compone como un chimpancé borracho.

George T. Strong

Leonard Bernstein

Su manera de dirigir la orquesta tiene un empeño masturbatorio, opresivo y febril, incluso en la mayoría de los pasajes tranquilos.

Oscar Levant

Bono (U2)

Si se es una de las neuronas del cerebro de Bono, se está muy solo.

Tom Mekons

Me importa una mierda lo que diga Bono.

Amy Winehouse

Johannes Brahms

Renuncio a interpretar la música de ese canalla. ¡Qué bastardo! Me carga que tal mediocridad autoinflada sea aclamada como un genio.

Piotr Illich Tchaikovski

Hay ciertos sacrificios que no deberían pedírsele dos veces a ningún hombre, y uno de ellos es escuchar el Requiem de Brahms.

George Bernard Shaw

Rodolfo Chikilicuatre y su «Chiki chiki»

Un estrafalario personaje al que da vida un actor, que no canta, por más que dé el cante, que se ha propuesto ridiculizar el festival y, de paso, abochornarnos a todos en una cita televisiva que siguen trescientos millones de personas.

Pedro J. Ramírez en editorial de El Mundo

El esperpéntico baile del Chikilicuatre está aproximadamente al nivel de las torturantes melopeas que ha llevado España a Eurovisión en los últimos veinte años.

El País

Tracy Chapman

Sólo se sabe que ha acabado un disco de Tracy Chapman cuando el débil zumbido que resuena en tu oído se detiene repentinamente.

Melody Maker

Phil Collins

La gente odia a tipos como Phil Collins, y si no lo hacen, deberían.

Noel Gallager (Oasis)

Bob Dylan

Realmente, nunca me ha gustado el tipo de música de Bob Dylan; siempre he creído que sonaba exactamente igual que el Oso Yogui.

Mike Ronson

Siempre he pensado que Dylan era un farsante. Desde luego no es un muchachito que canta canciones líricas. Es un oportunista que quiere hacer carrera y sabe muy bien dónde va. Además, es un hipócrita. Nunca he comprendido por qué le gusta a la gente. No sabe cantar.

Truman Capote

Eminem

No te enteras *pisha,* Camarón es Dios y Eminem… ¡un carajote!

Andy & Lucas

Boy George

Boy George es todo lo que Inglaterra necesita: otra reina que no sabe vestirse.

Joan Rivers

Whitney Houston

Nunca había usado la cocaína hasta que conocí a Whitney.

James Brown, ex marido de la cantante

Michael Jackson

Ahora parece una Barbie tallada por un hermano con mala leche.

Thomas Sutcliffe

Mick Jagger

Creo que Mick Jagger se quedaría atónito si supiera para cuánta gente no es un *sex symbol.*

Angie Bowie

Es tan sexy como un sapo orinando.

Truman Capote

¿Cómo podría yo tener una relación sexual con un fósil de cincuenta años? Tengo un novio maravilloso de veintiocho... ¿Por qué iba a cambiarlo por un dinosaurio?

Carla Bruni

«Keane» (banda que tiene vocalista, pianista y baterista)

Tradicionalmente, los tres más grandes idiotas de una banda son el cantante, el batero y el teclista. No necesito decir más.

Noel Gallager (Oasis)

Franz Liszt

La música orquestal de Liszt es un insulto al arte. Es una chillona prostitución musical. Simplemente consigue ser estúpido.

Boston Evening Transcript

Madonna

Yo actuaba de manera vulgar. Madonna *es* vulgar.

Marlene Dietrich

¿Quién es esa chica? ¿Y a quién le importa?

Alan Frank, sobre el disco de Madonna con ese título

George Michael

Está tratando de hacer comentarios sociales, éste es el muchacho que se escondió del público por veinte años, ahora, repentinamente tiene algo que decir sobre cómo anda el mundo. Lo encuentro gracioso. Eso hasta que escuchas la canción, que es diabólica.

Noel Gallager (Oasis)

Debería ir a casa y afeitarse.

Keith Richards (The Rolling Stones)

Kilie Minogue

No la odio, pero odio su música con ganas… Es asquerosa.

Noel Gallager (Oasis)

Sinnead O´Connor

Una monstruosidad monjil con holgados harapos y botas de combate… Un cruce entre Juana de Arco y Kojak.

Mr. Blackwell

Prince

Parece un enano que hubiesen metido en un cubo de vello púbico.

Boy George

Ramoncín

Ramoncín que se joda. Si es más tonto no nace. Y sus discos no se venden ni en el top manta.

Joaquín Sabina

Joan Manuel Serrat

Serrat canta como una cabra.

Mike Kennedy (Los Bravos)

Sex Pistols

Los Sex Pistols hacen por la música lo que la Segunda Guerra Mundial hizo por la paz.

Melody Maker

Sting

Alguien debería apretarle la cabeza y decirle que deje de cantar con ese estúpido acento jamaicano.

Elvis Costello

Tina Turner

Todo piernas y pelo, con una boca que podría tragarse todo el estadio y la tienda de perritos calientes.

Laura Lee Davies

Heitor Villa-Lobos

¿Por qué será que siempre que oigo una pieza de música que no me gusta resulta que es de Villa-Lobos?

Igor Stravinski

Richard Wagner

Cuando escucho a Wagner durante más de media hora me dan ganas de invadir Polonia.

Woody Allen

Me encanta Wagner, pero hay que tener en cuenta que la música que me gusta es la que hace un gato colgado por el rabo fuera de una ventana intentando romper los cristales con las uñas.

Charles Baudelaire

SHP

9

CONTRA EL MUNDO DEL DEPORTE

El ajedrez procura una suerte de inteligencia que sirve… únicamente para el ajedrez.

Miguel de Unamuno

El partido es demasiado largo, la temporada es demasiado larga y los jugadores son demasiado largos.

Jack Dolphi, sobre el baloncesto

El rugby es un deporte de bestias jugado por caballeros. El fútbol es un deporte de caballeros jugado por bestias. El fútbol americano es un deporte de bestias jugado por bestias.

Harry Blaha

Un deporte que consiste en golpear una pelota con un trozo de madera y después correr como un loco.

H. J. Dutiel, sobre el béisbol

Un país habrá llegado al máximo de su civismo cuando en él se puedan celebrar los partidos de fútbol sin árbitros.

José Luis Coll

¿Esquiar? ¿Por qué me voy a romper una pierna a cuarenta grados bajo cero si puedo caerme por las escaleras en casa?

Corey Ford

La vida es demasiado corta para jugar al ajedrez.

Lord Byron

Un juego que los ingleses, al no ser un pueblo espiritual, han inventado para darse a sí mismos algún concepto de eternidad.

Lord Mancroft, sobre el críquet

Yo creo que habría que inventar un juego en el que nadie ganara.

Jorge Luis Borges

Me gustaría negar la afirmación de que el baloncesto es un asunto de vida o muerte. Creo que es mucho más importante que eso.

William L. Rose

El deporte es una estilización de la guerra.

Francisco Umbral

El golf es un juego cuyo fin es colar una bola muy pequeña en un agujero aún más pequeño, usando unas herramientas singularmente mal diseñadas para ese propósito.

Winston Churchill

Ser delantero se ha convertido en un oficio difícil, pero siempre es mejor que trabajar.

Salvatore Toto Schillaci

Se pone una pelota de cuatro centímetros de diámetro sobre otra cuyo diámetro es de trece mil kilómetros, y el juego consiste en golpear la pequeña con una maza, sin tocar la grande.

Ed Cunningham, sobre el golf

¿El techo del Dépor? Si no tenemos ni suelo...

Fabrizio Coloccini, jugador del Deportivo de la Coruña, en las horas bajas de su equipo

El golf es un buen paseo echado a perder.

Mark Twain

Los lunes siempre pienso en cambiar a diez jugadores, los martes a siete u ocho, los jueves a cuatro, el viernes a dos, y el sábado ya pienso que tienen que jugar los mismos cabrones.

John Benjamin Toshack

Mi error ha sido tratar a los jugadores como personas.

Jesús Gil

Si ves a un tenista que parece que se está esforzando, eso quiere decir que no es muy bueno.

Helen W. Moody

Los jugadores son figuritas de mazapán. Por mí, que se mueran.

Jesús Gil

Han venido a mi casa a robarme la cartera.

Joan Gaspart, sobre los árbitros

El problema con los árbitros es que conocen las reglas, pero no conocen el juego.

William Shankly

Sólo existen tres deportes: el toreo, las carreras de coches y el montañismo. El resto son simples juegos.

Ernest Hemingway

[El fútbol de antes] era festivo, elegante y se jugaba bien. Ahora cuesta trabajo agarrar a siete u ocho jugadores que tengan el arte que se tenía antes, muy complicado. Antes había jugadores extraordinarios. Antes en River Plate atacábamos cinco, ahora uno.

Alfredo Di Stefano

Con nombres y apellidos

Fernando Alonso

Él me enseñó cómo no debe comportarse un piloto de Fórmula 1.

Lewis Hamilton (2008)

No se ha acabado [el campeonato del mundo]. Sólo es más difícil. No le deseo ningún mal a nadie, pero Alonso se podría resbalar en la bañera, ¿no?

Ron Dennis (2005)

Nosotros no estábamos corriendo contra Kimi [Räikkönen], nosotros estábamos corriendo básicamente contra Fernando [Alonso]

Ron Dennis (en ese momento jefe de la escudería de Alonso)

Prost era un perro, pero Alonso es peor.

Niki Lauda

Simplemente, le felicito por haber recibido un premio tan importante tan pronto, antes de haber ganado cualquier campeonato, aunque creo que podían haber esperado unos cuantos años para darle un premio de tanto calibre y haber premiado a algún deportista con una carrera mucho más prolongada y más trabajada, yo creo.

Pau Gasol, tras la concesión al piloto asturiano del Premio Príncipe de Asturias 2005

Quiero aprovechar, como amante de la Fórmula 1, para felicitar al corredor alemán Michael Schumacher por su triunfo en el Gran Premio de San Marino. Da gusto ver en lo más alto del podium a personas ni fatuas, ni engreídas, ni desagradecidas. Espero que continúe la racha.

Antonio Gasset

Andújar Oliver, árbitro de fútbol

Parecía un niño de cinco años con un revólver en las manos.

Jesús Gil

David Beckham

No tiene zurda, no sabe cabecear, no sabe ganar un balón y no hace goles. Aparte de todo eso, está bien.

George Best

Es más hermoso que yo, pero yo soy mejor futbolista.

Samuel Eto´o

Benito Floro

Floro es un buen entrenador, pero no tiene ni zorra idea de fútbol.

John Benjamin Toshack

Samuel Eto´o

Otros que ganaron más que él no se comportaron así, será que no está acostumbrado a ganar títulos.

Ronaldo

Escudería McLaren

Desde el primer momento no he estado cómodo en McLaren.

Fernando Alonso

Comprendo a Fernando. Yo sentí lo mismo. Fue una situación parecida a la que viví yo. Él nunca pudo sentirse cómodo en el equipo y la llegada de Lewis Hamilton tampoco le ayudó.

Juan Pablo Montoya

Escudería Renault

O sea, como Alonso lleva el coche hasta las trancas de gasolina, le pasan dos o tres en la salida y luego no puede controlar el bote y las pasa canutas, luego remonta, luego tiene que cargar y al final se pasa las ultimas vueltas intentando capturar… la séptima plaza, o sea, ¿para qué lo de ir más cargado al principio? A partir de hoy llamaré bote a su coche y no volveré a llamarle por su nombre hasta que haga algo…

Ramón Trecet, tras la carrera del Gran Premio de Malasia de Fórmula 1 en 2008

Fórmula 1

Si alguien quiere formar parte de la F-1, le aconsejaré que mejor no lo haga. Es un club de pirañas.

Aguri Suzuki (tras retirar de la competición a su equipo, Super Aguri F1, 2008)

Lewis Hamilton

A lo largo del año muchos pilotos han sido sancionado por pequeñas cosas, pero hay uno al que nunca le ha pasado nada. Parece que alguien quisiera que el Mundial lo ganara Hamilton.

Felipe Massa, piloto de Ferrari, en 2007

Gari Kaspárov

Me opongo a que digan que soy un genio del ajedrez. Me considero un genio en general que, casualmente, juega al ajedrez. Es muy distinto. Miren a Kaspárov: él es un genio del ajedrez. Fuera del tablero, en cambio, es un idiota.

Bobby Fischer

Lennox Lewis

Quiero sacarle el corazón y dárselo de comer. Quiero asesinar gente. Quiero romperles el estómago y comerme a sus niños.

Mike Tyson, boxeador norteamericano, antes del combate

Diego Armando Maradona

Maradona fue un gran jugador, pero, vea bien: no pateaba con la derecha, no cabeceaba… no era completo. Y hay otra cosa: ¿por qué tantos deportistas olímpicos pierden las medallas cuando son sorprendidos dopados y él no?

Pelé

Maradona tiene toda mi solidaridad como drogadicto.

Joaquín Sabina

Amélie Mauresmo

Es «medio hombre».

Martina Hingis

Ramón Mendoza

Ramón Mendoza es un inductor a la violencia. Es como la KGB e Idi Amin.

Jesús Gil

Pedro Muñoz (presidente de la Real Federación Española de Tenis, 2008)

No nos corresponde pedir actuaciones concretas como pudiera ser la dimisión o cesión de funciones del presidente, lo que sí pretendemos es informar a la opinión pública española (...) de las formas dictatoriales, caprichosas y manipuladoras del señor Muñoz.

Selección española de tenis

Dirk Nowitzki

Es más alto que yo, es más rápido que yo, es más guapo que yo, pero aun así yo soy mucho mejor jugador de baloncesto.

Larry Bird

José Luis Núñez

Núñez es pequeño, poco inteligente y bravucón. Lo suyo son siempre bravatas baratas, propias de un prepotente vacío de inteligencia. Galindo, el actor, es mucho más inteligente que él. Pero no pasa nada. Cuando vea a Núñez le doy un beso en la boca, aunque me tendré que agachar para conseguirlo.

Jesús Gil

Pelé

¿Por qué a Pelé, que debutó [tuvo su primera relación sexual] con un chico, le eligen en todas partes como uno de los mejores deportistas del siglo y a mí, porque uso drogas, me dejan afuera?

Diego Armando Maradona

Ronaldinho

Si me ofrecieran a Ronaldinho diría que, para ser suplente, mejor que no viniera (al Sevilla F.C.).

José María del Nido

Hugo Sánchez

Hugo Sánchez es un mercenario y está acabado.

Jesús Gil

Arancha Sánchez Vicario

Parece un refugiado de un concierto de Bruce Springsteen que hubiera equivocado por completo todos los tiros en cuanto a la moda.

Mr. Blackwell

Savic e Ivanovic

Es una declaración que certifica la terrible gestión de esos *plavis* de opereta que se llaman Savic e Ivanovic.

Ramón Trecet, sobre las actuaciones del F.C. Barcelona al respecto de Marc Gasol

Ayrton Senna

La diferencia entre Ayrton y yo es que yo creo en Dios y él se cree Dios.

Alain Prost

Ralf Schumacher

A Ralf tendrían que quitarle la licencia y que no corriera más en su vida. [...] No hay que ponerse nervioso con gente así. No se merece estar donde está y ojalá que lo investiguen y le pongan una sanción muy dura, porque estamos muchos pilotos jugándonos la vida en este circuito, para que un idiota te acabe la carrera. [...] Con gente así es difícil calcular cualquier estrategia.

Fernando Alonso, tras un accidente en el Gran Premio de Mónaco de 2004

Michel Vautrot, árbitro

Es un maricón y será recompensado en su afición pederasta.

Jesús Gil

Ángel María Villar

Hay mafia en el arbitraje. La competición está alterada y prostituida. Te roban y no puedes hacer nada. Villar es el jefe de la mafia, es un cáncer para el mundo del fútbol. Son todos unos golfos.

Jesús Gil, tras una derrota frente al Real Madrid en el Bernabéu

10

CONTRA LOS MEDIOS

Con las portadas de los periódicos sólo suelo estar de acuerdo en la fecha y el precio.

John Benjamin Toshack

Los periodistas son más sectarios y más arrogantes y más siniestros que los políticos.

Federico Jiménez Losantos

La televisión ha vuelto a traer el asesinato a las casas, es decir, adonde pertenece.

Alfred Hitchcock

Hemos pasado de la máquina mediática concesionista, controlada por el Estado directa o indirectamente, a la máquina mediática del mercado, en la que la ley de la oferta y la demanda establece que los más poderosos acaban por controlarla.

Manuel Vázquez Montalbán

Odio a la prensa. ¿Va contra la ley matar a un periodista?

Bobby Fischer

La prensa es carroña que ha hundido España.

Jesús Gil

Un país donde los periodistas aplauden a los políticos, o es Cuba, o está muy enfermo. O está camino de ser Cuba. O está moribundo.

Federico Jiménez Losantos

Máteme usted, pero no mienta.

Luis Aragonés, a un periodista

La televisión es la violación de las multitudes.

Jean François Revel

Encuentro la televisión muy educativa. Cada vez que alguien la enciende, me marcho a otra habitación y leo un libro.

Groucho Marx

La televisión es maravillosa. No sólo nos produce dolor de cabeza sino que además, en su publicidad, encontramos las pastillas que nos aliviarán.

Bette Davis

Hoy, (...) voy a proponer que alguien tome medidas censoras porque ya está bien con los excesos de la telemierda, y perdónenme la palabra exactísima, pues la basura se recicla y la mierda no. (...) ¿Hasta dónde van a llegar esos antropófagos devoradores de vísceras humanas que se despachan como periodistas del corazón, de la vagina, de los testículos y de la cirugía estética? Hay programas que parecen concebidos por quienes concibieron el nazismo y que deberían ser materia constituyente de delito.

Fernando Sánchez Dragó

Hay algo absolutamente tranquilizador sobre la televisión: lo peor está siempre por venir.

Jack Gould

Los medios de comunicación han acostumbrado a ciertos sectores sociales a escuchar lo que «halaga los oídos».

Juan Pablo II

Los periodistas deben criticar, pero no azotar a nadie.

Luis Herrero

El informativo televisado, estructurado como una ficción, no está hecho para informar, sino para distraer.

Ignacio Ramonet

Ahí radica el verdadero poder de los medios de masas: son capaces de redefinir la normalidad.

Michael Medved

Cuando la televisión es buena, nada es mejor. Cuando es mala, nada es peor.

Newton Norman Minow

La televisión es un arma de doble filo, con la que incluso el espectador puede llegar a suicidarse.

Virginia Vilanova

La televisión puede darnos muchas cosas, salvo tiempo para pensar.

Bernice Buresh

La televisión ha acabado con el cine, el teatro, las tertulias y la lectura. Ahora tantos canales terminan con la unidad familiar.

Antonio Mingote

La dependencia de las personas de la televisión es el hecho más destructivo de la civilización actual.

Robert Spaemann

La televisión es el primer sistema verdaderamente democrático, el primero accesible para todo el mundo y completamente gobernado por lo que quiere la gente. Lo terrible es, precisamente, lo que quiere la gente.

Clive Barker

La televisión ha hecho mucho por la psiquiatría: no sólo ha difundido su existencia, sino que ha contribuido a hacerla necesaria.

Alfred Hitchcock

Yo creo que llevo unos veinte años odiando y amando la televisión. Las épocas de nuestra vida se pueden fijar en el recuerdo en función de la programación.

Roger Wolfe

El fenómeno de la televisión demuestra que la gente está dispuesta a ver cualquier cosa con tal de no verse a sí misma.

Anónimo

Cuando la televisión informa sobre algún hecho marginal, en ese momento deja de serlo.

Carl Berstein

La televisión debe evitar el presentar siempre la realidad color de rosa.

René Schenker

La pequeña pantalla es la barraca de feria donde el pueblo viene a ver las maravillas del mundo.

Kazimierz Brandys

El problema es que la televisión amalgame y convierta en papilla informe la realidad, la ficción, lo fundamental, lo secundario, el divertimento y la reflexión.

Jean Renoir

La televisión es el único somnífero que se toma por los ojos.

Vittorio de Sica

Cuando viajo por Europa paso bastante tiempo en la habitación del hotel, repasando la cultura local a través de los programas de televisión.

Barbara Probst Solomon

La televisión rompió el confort de los cuartos de estar con la brutalidad de la guerra. Vietnam se perdió en ellos, no en los campos de batalla.

Herbert Marshall McLuhan

La televisión es el espejo donde se refleja la derrota de todo nuestro sistema cultural.

Federico Fellini

Un periódico consta siempre del mismo número de palabras, haya noticias o no las haya.

Henry Fielding

Ver un asesinato por televisión puede ayudarnos a descargar los propios sentimientos de odio. Si no tienen sentimientos de odio, podrán obtenerse en el intervalo publicitario.

Alfred Joseph

La televisión nos proporciona temas sobre los que pensar, pero no nos deja tiempo para hacerlo.

Gilbert Cesbron

La televisión será la base de la opinión pública. Ha creado un mundo esquizofrénico en el que entre el individuo y lo global no hay nada.

Alain Touraine

Hay mucho que decir en favor del periodismo moderno. Al darnos las opiniones de los ignorantes, nos mantiene en contacto con la ignorancia de la comunidad.

Oscar Wilde

La televisión es una hija del cine que le ha salido disipada y de malas costumbres.

Ramón J. Sénder

La televisión se nos aparece como algo semejante a la energía nuclear. Ambas sólo pueden canalizarse a base de claras decisiones culturales y morales.

Umberto Eco

Los periódicos son los archivos de las bagatelas.

Voltaire

La televisión es un invento que permite que te entretenga en tu salón gente que nunca tendrías en casa.

David Frost

Muy pronto la televisión, para ejercer su influencia soberana, recorrerá en todos los sentidos toda la maquinaria y todo el bullicio de las relaciones humanas.

Martin Heidegger

El periodismo musical consiste en gente que no sabe escribir entrevistando a gente que no sabe hablar para gente que no sabe leer.

Frank Zappa

El periodismo consiste esencialmente en decir «Lord Jones ha muerto» a gente que no sabía que Lord Jones estaba vivo.

G. K. Chesterton

Cuando fluye la baba y el periodismo se acojona la tiniebla va cubriendo el espacio vacío; un territorio abandonado que ocupan pajilleros, reprimidos, grasientos, puteros, siniestros, cobardes y acomplejados, con nombres y apellidos.

Daniel Anido, director de la Cadena SER

El periódico es una tienda en que se venden al público las palabras del mismo color que las quiere.

Honoré de Balzac

La literatura es el arte de escribir algo que se lee dos veces; el periodismo, el de escribir algo que se lee una vez.

Cyril Connolly

La gente generalmente confunde lo que lee en los periódicos con las noticias.

Abbott Liebling

Los periódicos en España se hacen, en primer lugar para que los lean los periodistas; luego los banqueros; más tarde, para que el poder tiemble y, por último e inexistente término, para que los hojee el público.

Antonio Fraguas, Forges

La televisión no podrá mantenerse mucho tiempo en el mercado, la gente pronto se cansará de pasar la tarde mirando un cajón.

D. F. Zanuck

En los angeles, la gente no tira su basura. la convierte en espectáculo de televisión.

Woody Allen

Ya no queremos mas medios de comunicación... los queremos completos.

Pancho Medellin

Con nombres y apellidos

José María García

No voy a descansar hasta echar al *Butano* de España.

Jesús Gil

Anne Giuntini, periodista del diario deportivo francés *L´Equipe*

Eres una mentirosa y tendrás problemas, tendrás problemas.

Ron Dennis (2007)

Jesús Polanco

Y a Polanco no le preocupa destruir España mientras sus negocios sigan floreciendo sobre los escombros de la Nación.

Federico Jiménez Losantos

Pedro J. Ramírez

El del corpiño rojo va dando lecciones de moral y es la persona más amoral de España. Ese que cree que está casado con Coco Chanel.

Jesús Gil

No es a mí a quien ofendes: eres tú quien se degrada, quien se enfanga, quien se rebaja, quien se convierte, una vez más, en un perrito faldero del poder político de turno.

Jesús Cacho

Javier Sardá

Personalmente, creo que no nos hemos visto nunca. Y su programa dejé de verlo desde la guerra de Irak, cuando empezó a tratar a los americanos y a Aznar al modo nazi, animalizándolos. Creo que es un talento enorme... para el mal.

Federico Jiménez Losantos

Algunos se creen el ojo del mundo porque sus casposos programas televisivos eran vistos por pobres ciudadanos que querían de todo menos pensar cuando encendían la televisión.

Pascual Serrano

J. A. Zarzalejos, director del periódico *ABC*

Verás, *Carcalejos,* te lo voy a explicar. El problema no lo tienen los obispos, lo tienes tú. Tú no eres nadie. ¿De qué vas? ¿Qué clase de ética nos vas a dar? Pobrecito.

Federico Jiménez Losantos

11

CONTRA LOS JURISTAS

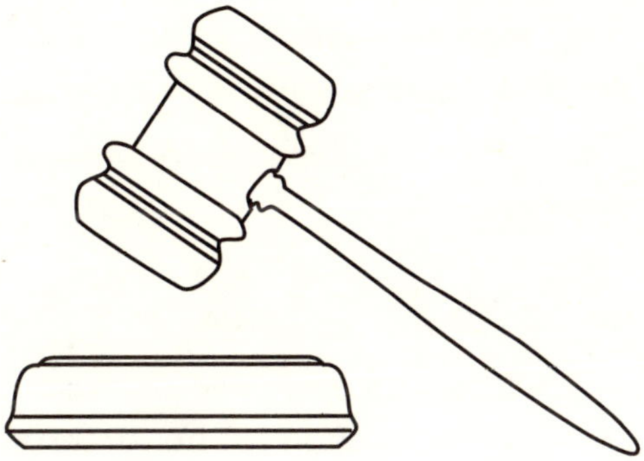

Al abogado es necesario contarle claramente las cosas: ya se cuidará él después de embrollarlas.

D´Azeglio

Todos somos iguales, excepto algunos que somos más iguales que otros.

George Orwell (Rebelión en la granja)

Es de absoluta necesidad decir al abogado toda la verdad, franca y claramente, no ocultarle las cosas... para que él las enrede y embrolle sin pérdida de momento.

Alessandro Manzoni

Abogado: individuo especializado en esquivar la justicia.

Ambrose Bierce

¿Qué hubiera sido del cristianismo si Jesús hubiera sido condenado a una pena de quince años, con redención por buena conducta?

James H. Donovan, defendiendo la pena de muerte

La absolución del culpable es la condena del juez.

Publio Siro

Es más fácil abrir una ostra sin cuchillo que la boca de un abogado sin honorarios.

Barten Holyday

Cuando tenga un hijo se dedicará a algo prosaico, será jurista o pirata…

Lord Byron

Si quieres hacer algo contra la ley, lo primero de todo es preguntar a un buen abogado.

George Bernard Shaw

La justicia militar es a la justicia lo que la música militar es a la música.

Groucho Marx

El abogado es como una prostituta, le pagas antes de que te dé su servicio, y luego tienes que rogarle para que se mueva.

Anónimo

Si alguna vez descubre usted alguna ley, sea usted prudente y no trate de aplicarla. Ha descubierto la ley..., es bastante. Porque si esta ley es física y trata de aplicarla en una máquina, tropezará con la materia bruta; y si es una ley social, tropezará con la brutalidad de los hombres.

Pío Baroja

Mientras un abogado, con la espalda encorvada, los lentes sobre la nariz, a la luz de una lámpara, deshoja un escritor en busca de una opinión autorizada para sostener su asunto, y la encuentra; su adversario curial con la espalda encorvada, los lentes sobre la nariz, a la luz de una lámpara, consulta el mismo autor en apoyo de la doctrina contraria, y la encuentra.

F. D. Guerrazzi

Siempre habrá esquimales que confeccionen para los habitantes del Congo reglas de comportamiento en las épocas de grandes calores.

Stanislaw Jerzy Lec

En todo buen abogado hay un hombre mal pensado.

Enrique Jardiel Poncela

Así como peca el médico ignorante metiéndose a curar, así el abogado inepto tomando una defensa.

Francisco de Vitoria

No existe tiranía peor que la ejercida a la sombra de las leyes y con apariencias de justicia.

Montesquieu

Muchos jueces son absolutamente incorruptibles; nadie puede inducirles a hacer justicia.

Bertolt Brecht

De un magistrado ignorante es la toga lo importante.

Jean de La Fontaine

Siendo abogado en España se puede ser de todo, hasta Reina Madre.

Joaquín Costa

Por tener alguna autoridad sobre los hombres, hay que distinguirse de ellos, por eso los magistrados y los curas llevan bonetes cuadrados.

Voltaire

Líbreme Dios de discutir con abogados sobre cuestiones filosóficas o científicas. Para este linaje de polemistas pocas veces se trata de tener razón, sino de defender al cliente.

Santiago Ramón y Cajal

Si Moisés hubiera ido a la Escuela de Leyes de Harvard y se hubiese pasado tres años trabajando en el monte, habría escrito los Diez Mandamientos con tres excepciones y una cláusula de salvaguarda.

Charles Mongan

Es tan fea la envidia que siempre anda por el mundo disfrazada, y nunca más odiosa que cuando pretende disfrazarse de justicia.

Jacinto Benavente

Ciertos abogados que sudando frío, gritando que se las pelan y conociéndolo todo menos el hecho, sin miramiento alguno arruinan al litigante, fastidian al auditorio y hacen dormir a los señores magistrados.

Pierre-Augustin Caron de Beaumarchais
(Las bodas de Fígaro)

La verdad que llega a un tribunal no es la verdad desnuda, sino una verdad con la toga que le tapa las vergüenzas.

Bertrand Russell

Demorar la justicia es injusticia.

Walter Savage Landor

Tres cosas las mejores del mundo aborrecen sumamente tres géneros de gentes. La salud, los médicos. La paz, los soldados. Y la verdad, algunos escribanos y letrados.

Francisco de Quevedo

Debemos recordar que tenemos que hacer jueces con hombres y que por el hecho de ser nombrados jueces no disminuyen sus prejuicios ni aumenta su inteligencia.

Robert G. Ingersoll

El deber de un juez es hacer justicia; su arte consiste en demorarla.

Jean de La Bruyère

Justicia sin misericordia es crueldad.

Santo Tomás de Aquino

Muchas personas claman por el castigo del culpable, pero muy pocas se preocupan de salvar al inocente.

Daniel Defoe

Dictamos muchas leyes que crean criminales y sólo unas pocas que los castigan.

Benjamin R. Tucker

Un abogado incompetente puede demorar un juicio durante meses o años, un abogado competente puede demorarlo aún más.

Evelle J. Younger

Si vuestra causa es buena, poneos de acuerdo, si es mala litigad.

Jean-Jacques Rousseau

Señor juez, señoras y señores: nos hemos reunido hoy para disponer de la vida de un hombre blanco, ciudadano de nuestra ciudadanía, que no se había visto involucrado jamás en un caso semejante. Miradlo, es aseado, de mirada dulce y tiene el aspecto de las personas que no quieren mal a nadie. Se ve enseguida que si ha llegado al crimen es porque no podía elegir... Cuando un hombre de buen talante, sin antecedentes penales y sin taras, en plena juventud, llega a matar, es que debía tener sus buenas razones y nosotros en cierto modo no tenemos por qué inmiscuirnos... El acusado, señores, ha dicho públicamente que no lo volverá a hacer nunca más. ¿Quiénes somos nosotros para dudar de sus palabras?

Pere Calders (un crimen)

La justicia es gratuita; lo que cuesta son los medios para llegar a ella.

Eugenio Brieux

Las leyes son semejantes a las telas de araña; detienen a lo débil y ligero y son deshechas por lo fuerte y poderoso.

Solón de Atenas

En todas partes los más fuertes han hecho las leyes y han oprimido a los débiles.

Anne Robert Jacques Turgot

Allá van leyes do quieren reyes.

Refrán

El hombre es un ser capaz pero ha hecho 326.476.389 leyes, y aún no ha probado con los Diez Mandamientos

Richmond News Leader

Hay tantas leyes que nadie tiene la seguridad de que no le cuelguen.

Napoleón Bonaparte

Las malas leyes hallarán siempre, y contribuirán a formar, hombres peores que ellas, encargados de ejecutarlas.

Concepción Arenal

Era tan buen juez que estaba rabioso por no poder condenar a las dos partes.

Cardenal Mazarino

En todas las cosas parece existir como ley un círculo.

Tácito

Dicen que todos somos iguales ante la Ley. Lo que no dicen es iguales a quién.

Anónimo

El árbol de las leyes ha de podarse continuamente.

Anatole France

El litigante es aquel que está dispuesto a entregar la piel con tal de no perder los huesos.

Ambrose Bierce

Inicua es la ley que a todos igual no es.

Fernando de Rojas

Los legisladores necesitan ciertamente una escuela de moral.

Simón Bolívar

¡Ay de la generación cuyos jueces han de ser juzgados!

Talmud

Los agujeros de la Ley no son tan pequeños como para no poder escabullirse por ellos con un Cadillac.

James Parkinson

La Ley, en su magnífica ecuanimidad, prohíbe, tanto al rico como al pobre, dormir bajo los puentes, mendigar por las calles y robar pan.

Anatole France

Hay abogados lo suficientemente hábiles para convencernos de que la Constitución es inconstitucional.

Laurence J. Peter

Las leyes demasiado benignas rara vez son obedecidas; las demasiado severas, rara vez ejecutadas.

Benjamin Franklin

Casi todos los crímenes que castiga la Ley se deben al hambre.

René de Chateaubriand

Tal vez iría mejor el mundo si los hombres llevaran bozal y los perros hicieran las leyes.

George Bernard Shaw

Las leyes inútiles debilitan a las necesarias.

Montesquieu

Con las leyes pasa como con las salchichas, es mejor no ver cómo se hacen.

Otto von Bismark

Tan perjudicial es desdeñar las reglas como ceñirse a ellas con exceso.

Juan Luis Vives

Si las leyes hablasen, de lo primero que se quejarían sería de los juristas.

Georges Saulle

Todos somos iguales ante la Ley, pero no ante los encargados de aplicarla.

Stanislaw Jerzy Lec

¿Para qué hacer granujadas fuera de la Ley, cuando hay tanto sitio para hacerlas dentro?

Carlos Dossi

Cuando llegué a Dublín había sido procesado en mi ausencia y sentenciado a muerte en mi ausencia, así que les dije que podían fusilarme en mi ausencia.

Brendan Behan

—Tú debes de ser abogado.

—¿Qué te hace pensar eso?

—No sé, tienes aire de listo incompetente.

Garry Marsch (Pretty Woman)

Si se quisieran estudiar todas las leyes, no habría tiempo material de infringirlas.

Johann Wolfgang von Goethe

Si las leyes fueran constituidas por los hombres, o por las sentencias de los jueces, serían derechos matar, robar, adulterar, etcétera.

Cicerón

Asesinó a su padre y a su madre y encima pedía clemencia al tribunal por ser huérfano total.

Peter Mosler

Un contrato verbal no vale ni el papel en que se escribe.

Samuel Goldwyn

La multitud de leyes frecuentemente presta excusas a los vicios.

René Descartes

Con los descuidados medran los abogados.

Anónimo

Interpretar la Ley es corromperla, los abogados las matan.

Napoleón Bonaparte

La primera cosa que haremos será matar a todos los abogados.

William Shakespeare (Enrique VI)

Un abogado con un maletín puede robar más que mil hombres armados.

Mario Puzo

Si los jueces poseyeran la verdadera justicia, no llevarían toga, porque la majestad de su ciencia sería venerable en sí misma.

Blaise Pascal

No está la justicia en las palabras de la Ley.

A. de la Torre

Ganar un proceso es adquirir una gallina y perder una vaca.

Proverbio chino

Bajo un gobierno que encarcele a alguien injustamente, el sitio adecuado para una persona justa es también la cárcel.

Henry David Thoreau

Los jueces son mejores al principio y se dañan a medida que pasa el tiempo.

Tácito

Del mismo papel en que un juez ha escrito una sentencia contra un adúltero rasgará un pedazo para escribir unas líneas amorosas a la esposa de su colega.

Michel Eyquem de Montaigne

Los jueces deberían recordar que su misión es *jus dicere*, y no *jus dare:* interpretar a Ley, y no hacerla o dictarla.

Sir Francis Bacon

Se piensa que lo justo es lo igual, y así es; pero no para todos, sino para los iguales. Se piensa por el contrario que lo justo es lo desigual, y así es, pero no para todos, sino para los desiguales.

Aristóteles

Menos mal hacen los delincuentes que un mal juez.

Francisco de Quevedo y Villegas

Cuando los jueces hagan el trabajo del verdugo, los castigos serán más dulces.

Valeriu Butulescu

No hay escondite más preciado que la letra pequeña.

Anónimo

El castigo del criminal se mide por el grado de asombro del juez que encuentra su crimen incomprensible.

Friedrich Nietzsche

Cuantos más numerosos los abogados, más largo el proceso. Cuanto más numerosos los médicos, más corto el proceso.

Anónimo

Abogado, juez y doctor, cuanto más lejos mejor.

Refrán español

El jurado está compuesto por doce personas elegidas para decidir quién tiene el mejor abogado.

Robert Lee Frost

Aléjese de los palacios el que quiera ser justo. La virtud y el poder no se hermanan bien.

Marco Anneo Lucano

Engañar a los hombres de uno en uno es bastante más difícil que engañarlos de mil en mil. Por eso el orador tiene menos mérito que el abogado o el curandero.

Santiago Rusiñol

Los juicios son un asunto demasiado importante como para dejarlo en manos de meros abogados.

Georges Clemenceau

Dadme dos líneas escritas a puño y letra por el hombre más honrado, y encontraré en ellas motivo para hacerlo encarcelar.

Cardenal Richelieu

No todos los abogados son malos, pero el noventa y ocho por ciento da mala fama al resto.

Ken Wiebe

A mediados de los ochenta, los granjeros decidieron que había demasiada leche barata en el supermercado y el gobierno compró y sacrificó 1,6 millones de vacas lecheras. ¿Por qué nunca han hecho algo así con los abogados?

P. J. O'Rourke

Un abogado no necesita ser brillante; sólo requiere sentido común y uñas más o menos limpias.

John Mortimer

No hay mejor forma de ejercitar la imaginación que estudiar la Ley. Ningún poeta ha interpretado la naturaleza tan libremente como los abogados interpretan la verdad.

Jean Giradoux

Los abogados ociosos tienden a convertirse en políticos, por lo que mantener a los abogados ocupados tiene cierto valor social.

Silberschatz & Galvin

El abogado es un hábil caballero que se ocupa de cuidar nuestros bienes de nuestros enemigos para poder quedárselos él.

Lord Brougham

Existen dos clases de abogados: los buenos, que conocen muy bien las leyes y los mejores, que conocen muy bien al juez.

Peter Law

Al que ayuda a un criminal a cometer un delito se le llama cómplice; al que le ayuda después de cometerlo se le llama abogado.

Woody Allen

No hace falta en absoluto vendar los ojos a la justicia. Está ciega de todas formas.

Hanns-Hermann Kersten

Abogado muy ladino, gusta más andarse por trochas que por caminos.

Refrán español

Recurrir una sentencia: devolver los dados al cubilete para otro intento.

Ambrose Bierce

No me gusta hablar mal de nadie a sus espaldas... Pero sospecho que ese caballero es abogado.

Samuel Johnson

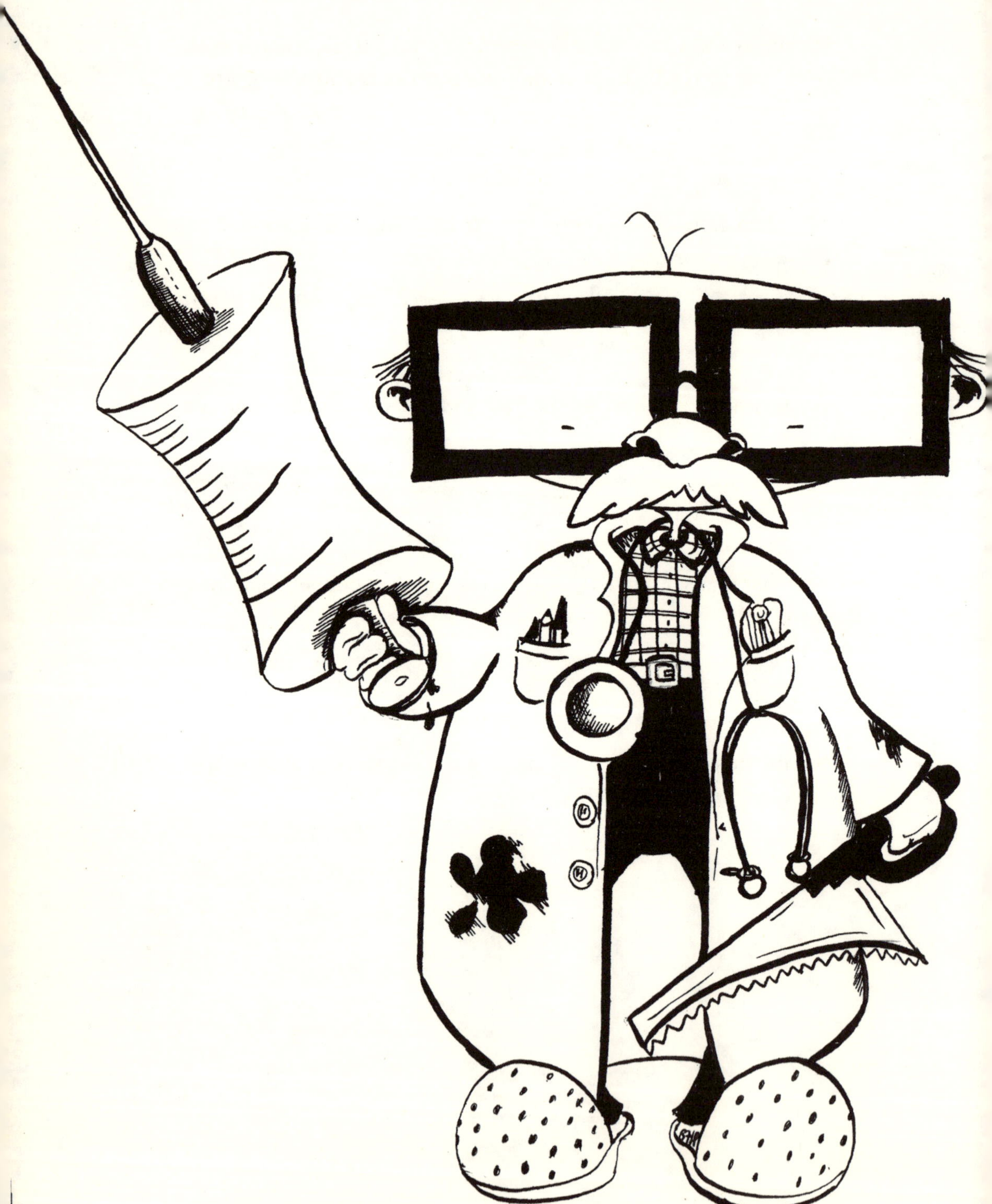

12

CONTRA LOS GALENOS

Cuando una medicina no hace daño deberíamos alegrarnos y no exigir además que sirva para algo.

Pierre Auguste Caron de Beaumarchais

Un psiquiatra es una persona que tiene un diván y que te cobra por mentir sobre él.

Edwin Brock

Cuando un médico se equivoca, lo mejor es echarle tierra al asunto.

Woody Allen

Los médicos son como los abogados; la única diferencia es que los abogados simplemente te roban, mientras que los médicos además te matan.

Anton Chejov

Cuando un médico va detrás del féretro de su paciente, a veces, la causa sigue al efecto.

Robert Koch

Me preguntó por qué siempre se puede leer la factura de un médico y nunca se puede leer su receta.

Finlay P. Dunne

No son médicos lo que nos falta; es medicina.

Montesquieu

El mejor médico es el que conoce la inutilidad de la mayor parte de las medicinas.

Benjamin Franklin

Cualquiera que tenga que ver a un psiquiatra necesita que su cabeza sea examinada.

Samuel Goldwyn

El dentista es el hombre que come con los dientes de los demás.

Anónimo

Los médicos como la cerveza, mejor cuanto más viejos.

Thomas Fuller

La medicina es el arte de acompañar al sepulcro con palabras griegas.

Enrique Jardiel Poncela

Un ginecólogo varón es como un mecánico de automóviles que nunca hubiera tenido un coche.

Carrie Snow

La medicina es el arte de disputar los hombres a la muerte de hoy, para cedérselos en mejor estado, un poco más tarde.

Noel Clarasó

Los mejores médicos del mundo son: el doctor dieta, el doctor reposo y el doctor alegría.

Jonathan Swift

Los médicos cortan, queman, torturan. Y haciendo a los enfermos un bien, que más parece mal, exigen una recompensa que casi no merecen.

Heráclito de Éfeso

El médico se mueve en un dilema y es: o mata al enfermo por miedo a que se le muera, o le deja morir por miedo a matarle.

Miguel de Unamuno

El psicoanálisis es el cubismo de la medicina.

Pío Baroja

No hay medicina que cure lo que no cura la felicidad.

Gabriel García Márquez

¿Quién decide cuando los médicos no están de acuerdo?

Alexander Pope

El progreso de la medicina nos depara el fin de aquella época liberal en la que el hombre aún podía morirse de lo que quería.

Stanislaw Jerzy Lec

Una parte de la medicina es el arte de hacernos creer que los medicamentos curan.

Julio Camba

Un médico inteligente ayuda a su paciente sin perderlo.

Sigmund Graf

En mal de muerte
no hay médico
que acierte.

Refrán

El tiempo es un buen médico, pero un maquillador fatal.

William Somerset Maugham

El mejor médico es la naturaleza, porque no sólo cura muchos males, sino que nunca habla mal de un colega.

Ferdinand Sauerbruch

Dentista: un gran mago que te mete oro en la boca y te saca dinero del bolsillo.

Ambrose Bierce

Psicoanálisis: aquella enfermedad de la mente que cree ser su propia terapia.

Karl Kraus

La psiquiatría es el único negocio en el que el cliente nunca tiene la razón.

Anónimo

No tengo nada contra los médicos, son gente estupenda. Antes, cuando te picaba un mosquito, te rascabas, ahora te pueden recetar doce pomadas sin que sirva ninguna, pero ¡qué vida y qué movimiento!

Gottfried Benn

La investigación ha progresado tantísimo que prácticamente no queda nadie sano.

Aldous Huxley

El cielo cura y el médico cobra la minuta.

Benjamin Franklin

Los médicos trabajan para conservarnos la salud, y los cocineros para destruirla, pero estos últimos están más seguros de lograr su intento.

Denis Diderot

Los médicos no deberían decir «a ése le curé yo», sino «ése no se me ha muerto».

Georg Christoph Lichtenberg

Enfermedad incurable: una enfermedad que el médico no sabe curar.

Charles Kettering

A los médicos es a quienes mejor les va: sus éxitos andan por ahí, y a sus fracasos los entierran.

Jacques Tati

Hay médicos que se pueden permitir curar rápidamente a sus pacientes.

Hans Brändli

Hoy en día los médicos se mueven jugando al tenis, antes hacían visitas a domicilio.

Werner Mitsch

La profesión médica es una conjura que tiene por objeto ocultar la propia deficiencia.

George Bernard Shaw

Los cirujanos son unos individuos especialmente amables con aquellos vecinos que aún conservan el apéndice.

Helmut M. Backhaus

Los cirujanos son las únicas personas que no pueden vivir sin los apéndices y las amígdalas ajenas.

Peter Sellers

Los cirujanos son gente bien educada, dan golpecitos en la barriga de los demás antes de entrar.

Karl Farkas

Los ladrones y sus cirujanos se ponen guantes porque quieren borrar sus huellas.

Jacques Tati

El ginecólogo es el único hombre que de verdad no puede vivir sin las mujeres.

Arthur Schopenhauer

No es que los ginecólogos encuentren más que los demás médicos, pero se lo pasa mejor buscando.

Jacques Tati

El hecho de que alguien sea doctor hace suponer que ha pasado muchos años en la universidad. ¿Y por qué va a ser buen médico por eso?

Hans Weigel

El crimen perfecto requiere un médico de cabecera con pocas luces.

Robert Lembke

Quien interrogue a muchos médicos cometerá muchos errores.

Rhazes

Los médicos y los pacientes de un manicomio se diferencian muy fácilmente: el que tiene las llaves es el médico.

Otto Pötzl

Los psicoanalistas pueden transformar la desgracia histérica en una pena corriente; para más tampoco dan.

Albert Görres

Yo no conozco nada más risible que un doctor que no se muere de vejez.

Voltaire

Casi todos los hombres mueren de sus medicinas, no de sus enfermedades.

Molière

Raramente se encuentra un jurisconsulto que litigue, ni médico que tome medicinas, ni teólogo que sea buen cristiano.

Baltasar de Castiglione

Para cada enfermedad que los doctores curan con medicinas producen diez en las personas saludables inoculándolos con ese virus que es mil veces más poderoso que cualquier microbio: la idea de que uno está enfermo.

Marcel Proust

Cuando los médicos no saben curar una enfermedad, al menos le dan un nombre bonito.

Voltaire

Ya sé que mi aversión a los médicos es enfermiza. Pero, ¿y si me alarga la vida?

Michel Eyquem de Montaigne

Nunca se debería ir a un médico sin saber antes cuál es su diagnóstico favorito.

Henry Fielding

Mientras nuestro médico nos prohíba algo todo va bien. Las cosas se ponen serias cuando de repente nos deja hacer de todo.

Robert Lembke

El diagnóstico previo de un médico se basa en el pulso y en la billetera del paciente.

Ambrose Bierce

La mitad de los medicamentos modernos se podrían tirar por el balcón, si no se temiese por los pobres pájaros.

Martin Henry Fischer

Si tu médico es fumador, el tabaco no será perjudicial.

Ron Kritzfeld

Virus: palabra latina que los médicos utilizan para decir «yo tampoco lo sé».

Bob Hope

Errare medicum est.

Curt Goetz

Psicoanálisis: un invento extraordinario para que la gente corriente se crea un ser complicado.

Marlene Behrmann

No hay nada mejor para acelerar la curación que las facturas frecuentes del médico.

Alec Guiness

Un psicoterapeuta es un médico que enseña a hablar a los pájaros que los demás tienen en la cabeza.

Wolfgang Gruner

Hay médicos que piensan que, para evitar una epidemia, basta con inventarse diferentes nombres para la misma enfermedad.

Wieslaw Brudzinsky

Del hecho de que no todos los enfermos se curan se deduce que la medicina no es un arte.

Cicerón

Apolo era considerado como el dios de la medicina y dispensador de las enfermedades. Ambas cosas constituían en un principio la misma profesión, y todavía sigue ocurriendo lo mismo.

Jonathan Swift

Un neurótico es un hombre que construye un castillo en el aire. Un psicótico es un hombre que vive en él. Un psiquiatra es el que cobra el alquiler.

Jerome Lawrence

La medicina sólo puede curar las enfermedades curables.

Proverbio chino

El estudiante de Medicina será probablemente el chico de la familia demasiado débil para trabajar en la granja, demasiado vago para ningún oficio manual, demasiado estúpido para la abogacía y demasiado inmoral para el púlpito.

Daniel Gilman

A veces es más fatal la medicina que el mal.

Refrán español

La psicología es tan superflua como una indicación para usar veneno.

Karl Kraus

Caí en manos de un par de aprendices de médicos que no habrían sido capaces de diagnosticar una decapitación.

Jeffrey Bernard

Para tener éxito, un médico necesita tres cosas: un sombrero de copa que le dé aire de autoridad, una barriga que le dé aire de dignidad y unas almorranas que le den un aire sufrido.

Samuel Johnson

Con nombres y apellidos

Sigmund Freud

El mayor villano que jamás ha vivido. Un hombre peor que Hitler o Stalin. Estoy hablando de Sigmund Freud.

Telly Savalas

Antes, por cinco marcos, el mismo Freud te trataba. Por diez, te trataba y te planchaba los pantalones. Por quince marcos, Freud permitía que tú le tratarás a él y eso incluía una invitación a comer.

Woody Allen

La muerte de Freud, según Ernest Jones, fue el incidente que causó la ruptura definitiva entre Hemholtz y Freud, prueba de ello es que en muy contadas ocasiones volvieron a dirigirse la palabra.

Woody Allen

SHP

13

CONTRA EL MUNDO DE LA INFORMÁTICA

La informática tiene que ver con los ordenadores lo mismo que la astronomía con los telescopios.

Edsger W. Dijkstra

No hay lenguaje de programación, no importa su estructura, que impida que los programadores hagan malos programas.

Larry Wall

La mayoría de expertos está de acuerdo en que la causa más probable de destrucción del mundo sería por accidente; y aquí es donde entramos nosotros: somos profesionales de la informática, causamos accidentes.

Nathaniel Borenstein

Los ordenadores son inútiles. Sólo son capaces de darte respuestas.

Pablo Picasso

En 2031, los abogados serán componentes habituales de la mayoría de los equipos de desarrollo.

Grady Booch

Hay sólo dos clases de lenguajes de programación: aquellos de los que la gente está siempre quejándose y aquellos que nadie usa.

Bjarne Stroustrup

Una de las cosas más fascinantes de los programadores es que no puedes saber si están trabajando o no sólo con mirarlos. A menudo están aparentemente sentados tomando café, chismorreando o mirando a las nubes. Sin embargo, es posible que estén poniendo en orden todas las ideas individuales y sin relación que pululan por su mente.

Charles M. Strauss

Si piensas que tus usuarios son idiotas, sólo los idiotas lo usarán.

Linus Torvalds

Una vez un ordenador me venció jugando al ajedrez, pero no me opuso resistencia cuando pasamos al kick boxing.

Emo Philips

Tenemos que dejar de optimizar para programadores y comenzar a optimizar para usuarios.

Jeff Atwood

No, no uso un iPod. Tampoco mis hijos. Mis hijos, en muchos aspectos, están tan malcriados como muchos otros niños, pero al menos en esto he lavado su cerebro: «No uséis Google y no uséis un iPod».

Steve Ballmer, consejero delegado de Microsoft

La programación puede ser divertida, al igual que la criptografía; sin embargo, ambas no deberían combinarse.

Kreitzberg & Shneiderman

El único sistema seguro es aquel que está apagado en el interior de un bloque de hormigón protegido en una habitación sellada rodeada por guardias armados.

Gene Spafford

Es inevitable que la gente programe mal, y la formación no mejorará sustancialmente las cosas. Tenemos que aprender a vivir con ello.

Alan Perlis

No soy de los que piensan que Bill Gates es el diablo. Simplemente sospecho que si Microsoft alguna vez se encontrara con el diablo, no necesitarían un intérprete.

Nicholas Petreley

A mucha gente todavía le gusta el sistema operativo Solaris, pero estoy compitiendo activamente con ellos, y espero que mueran.

Linus Torvalds

El diseño de lenguajes de programación es como pasear en el parque. Bueno, en parque jurásico.

Larry Wall

El manejo de memoria del PowerPC (Apple) se puede usar para asustar a los niños pequeños.

Linus Torvalds

Sinceramente, no estoy tratando de destruir Microsoft. Ése será tan sólo un efecto colateral no intencionado.

Linus Torvalds

Si compila está bien, si arranca es perfecto.

Linus Torvalds

Un ordenador te permite cometer más errores y más rápido que cualquier otra invención en la historia de la humanidad, con las posibles excepciones de las pistolas y el tequila.

Mitch Radcliffe

Sólo los débiles hacen copias de seguridad en cintas: los hombres de verdad simplemente suben sus cosas importantes a un servidor ftp, y dejan que el resto del mundo las copie.

Linus Torvalds

El ordenador nació para resolver problemas que antes no existían.

Bill Gates

Las únicas personas que tienen algo que temer del software libre son aquellos cuyos productos tienen un valor aún menor.

David Emery

El mercado de los ordenadores personales está muerto. La innovación prácticamente se ha detenido. Microsoft domina con muy poca innovación. Se acabó. Apple ha perdido. El mercado ha entrado en la era de la oscuridad, y va a estar ahí durante los próximos diez años.

Steve Jobs, presidente de Apple, en 1996

El ordenador es la evolución lógica del hombre: inteligencia sin moral.

John Osborne

Me gustaría decir que sabía que esto iba a pasar, que todo es parte de un plan para dominar el mundo.

Linus Torvalds

La programación hoy en día es una carrera entre los ingenieros de software, que intentan construir programas mejores y más eficientes, a prueba de idiotas, y el universo, que intenta producir idiotas mejores y más grandes. Va ganando el universo, de lejos.

Rich Cook

Si el automóvil hubiera seguido el mismo ciclo de desarrollo que el ordenador, un Rolls-Royce costaría hoy cien dólares, recorrería trescientos mil kilómetros con un litro de gasolina y explotaría una vez al año, matando a todos sus ocupantes.

Robert X. Cringely

La blasfemia es el único lenguaje que de verdad conocen todos los programadores.

Sexto postulado sobre la programación de Troutman

Creo que existe mercado para unos cinco ordenadores en todo el mundo.

Thomas Watson, presidente de IBM (1943)

No hay ninguna razón por la que una persona normal pueda necesitar una computadora en su casa.

Ken Olson (1977)

Linux es un juguete.

Steve Ballmer

Es prácticamente imposible enseñar programación correctamente a estudiantes que han estado expuestos al lenguaje BASIC con anterioridad. Como potenciales programadores, tienen la mente mutilada sin esperanza alguna de regeneración.

Edsger W. Dijkstra

La pregunta de si un ordenador puede pensar no es más interesante que la pregunta de si un submarino puede nadar.

Edsger W. Dijkstra

Linux viola 275 patentes.

Steve Ballmer

He notado últimamente que el miedo paranoico a que los ordenadores inteligentes tomen el control del mundo ha desaparecido por completo. Todo cuanto puedo contar es que este hecho coincide con la aparición de MS-DOS.

Larry DeLuca

Si la depuración es el proceso de eliminar errores, entonces la programación debe ser el proceso de introducirlos.

Edsger W. Dijkstra

Nunca confíes en un ordenador que no puedas lanzar por una ventana.

Steve Wozniak

El esfuerzo de utilizar las máquinas para emular el pensamiento humano siempre me ha parecido bastante estúpido. Preferiría usarlas para emular algo mejor.

Edsger W. Dijkstra

La mayoría del software actual es muy parecido a una pirámide egipcia, con millones de ladrillos puestos unos encima de otros sin una estructura integral, simplemente realizada a base de fuerza bruta y miles de esclavos.

Alan Kay

Hay que reutilizar y no inventar.

Steve Ballmer

Cambiaría, si pudiera, toda mi tecnología por una tarde con Sócrates.

Steve Jobs

La innovación no tiene nada que ver con cuántos dólares has invertido en I+D. Cuando Apple apareció con el Mac, IBM gastaba al menos cien veces más en I+D. No es un tema de cantidades, sino de la gente que posees, cómo les guías y cuánto obtienes.

Steve Jobs

El logro más impresionante de la industria del software es su continua anulación de los constantes y asombrosos logros de la industria del hardware.

Henry Petroski

Microsoft ha lanzado una nueva versión, Windows XP, que según todo el mundo «es la versión más fiable de Windows hasta la fecha». Para mí, esto es como decir que el espárrago es el vegetal más articulado que ha existido nunca.

Dave Barry

Nadie ha intentado absorbernos desde que estoy aquí. Creo que tienen miedo de descubrir cuánto sabemos.

Steve Jobs

Se dice que las grandes disciplinas científicas son ejemplos de gigantes subidos a los hombros de otros gigantes. También se dice que la industria del software es un ejemplo de enanos subidos a los dedos de los pies de otros enanos.

Alan Cooper

Microsoft Office para Mac es el mejor programa que ha publicado Microsoft.

Steve Jobs

Hay dos formas de escribir programas sin errores; sólo la tercera funciona.

Alan J. Perlis

Tienen ordenadores, y pueden tener otras armas de destrucción masiva.

Janet Reno

Los pc deben ser reemplazados por ordenadores en red más baratos y sencillos.

Larry Ellison

Cometer errores es humano, pero para estropear realmente las cosas necesitas un ordenador.

Paul Ehrlich

Los proveedores de software están intentando hacer sus productos más amigables para el usuario. Su mejor aproximación hasta el momento ha consistido en tomar sus antiguos folletos y estampar las palabras «amigable para el usuario» en la portada.

Bill Gates

Si Java dispusiera de un mecanismo real de recolección de basura, la mayoría de los programas deberían autoeliminarse al ser ejecutados.

Robert Sewell

No es que el Linux sea más barato en sí, lo cierto es que se gestiona mejor. Pero cada uno ha tenido su momento como centro del universo, y Microsoft pronto dejará de definir a la industria.

Larry Ellison

Esto es lo que ocurre con la gente que piensa que odia los ordenadores. Lo que realmente odia es a los malditos programadores.

Larry Niven

Durante mucho tiempo no entendía cómo algo tan caro y puntero podía ser tan inútil. Y entonces me vino a la mente que un ordenador es una máquina estúpida con la habilidad de hacer cosas increíblemente inteligentes, mientras que los programadores son inteligentes personas con la habilidad de hacer cosas estúpidas. Son, en resumen, una pareja perfecta.

Bill Bryson

Se trata de un mito urbano. Es como la historia de los cocodrilos en las alcantarillas de Nueva York: todo el mundo sabe de ellos, pero nadie los ha visto.

Peter Norton, referido a los virus informáticos (1988)

Como cualquier programador de juegos sabe, los tres tipos básicos de alimento son Fritos, Cheetos y Doritos.

Satoru Iwata, presidente de Nintendo Worldwide Corporation

La escritura de código tiene un lugar en la jerarquía humana de valores por encima del saqueo de tumbas y por debajo de la dirección y gestión.

Gerald Weinberg

No te preocupes si no funciona bien. Si todo estuviera correcto, serías despedido de tu trabajo.

Ley de Mosher de la Ingeniería del Software

Si McDonald´s funcionara como una compañía de software, uno de cada cien Big Macs te envenenaría, y la respuesta sería: «Lo sentimos, aquí tiene un cupón para dos más».

Mark Minasi

URGENTES

14

CONTRA LOS FUNCIONARIOS Y LA ADMINISTRACIÓN

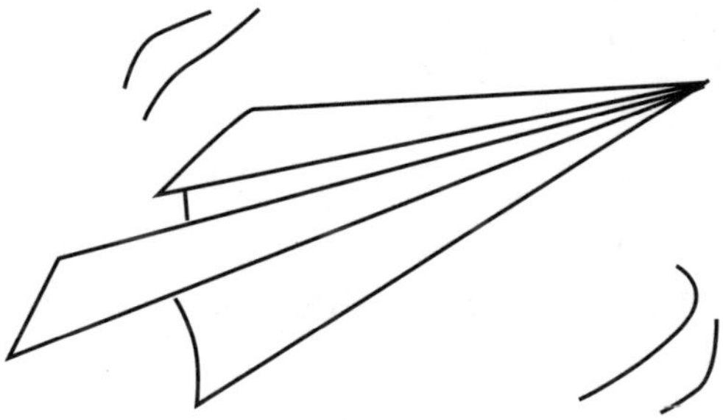

Los funcionarios son como los libros de una biblioteca: los situados en los lugares más altos son los más inútiles.

Paul Masson

Si la burocracia continúa extendiéndose como hasta ahora, para el próximo Diluvio Dios no empleará agua sino papel.

Cyril Northcote Parkinson

Los funcionarios son los empleados que el ciudadano paga para ser la víctima de su insolente vejación.

Pitigrilli

La burocracia en los países latinos parece que se ha establecido para vejar al público.

Pío Baroja

No hay mejor marido que un funcionario. Cuando llega a casa por la noche no está cansado y además ya ha leído el periódico.

Anónimo

Toda revolución se evapora y deja atrás sólo el limo de una nueva burocracia.

Franz Kafka

No es cierto que la profesión de funcionario no sea peligrosa. En cualquier momento puede abrirse la puerta y entrar un ciudadano.

Helmar Nahr

Exceso de trabajo: una peligrosa dolencia que afecta a los altos funcionarios cuando tienen ganas de ir de pesca.

Ambrose Bierce

¡Y pensar que algunos se asombran de que hayamos perdido las colonias! Lo que a mí me asombra es cómo no hemos perdido, con esta burocracia, hasta los pantalones.

Pío Baroja

Funcionarios de Hacienda: las únicas personas que siempre tienen una opinión demasiado elevada de nosotros.

Helmar Nahr

En los despachos te despachan. En las tiendas te atienden.

Wilhelm Röpke

Si quieres que la Administración te dé mantequilla, envía leche por el conducto reglamentario.

Anónimo

Hacienda: una institución que ha conseguido que los viajeros no hagan pasar a su secretaria por su mujer, sino a su mujer por su secretaria.

Anónimo

Archivo: basura ordenada alfabéticamente.

Anónimo

Es difícil quedarse corto al calibrar la estupidez de los humanos, pero en el caso de la Administración resulta ya imposible.

Richard Katz

Vamos a jugar a los funcionarios… ¡El primero que se mueva pierde!

Anónimo

La burocracia es una máquina enorme manejada por pigmeos.

Honoré de Balzac

Dad alas al burócrata. Llegará más rápido a su oficina.

Valeriu Butulescu

Un primer paso hacia la eliminación de la burocracia sería la adquisición de sillones de oficina lo más incómodos posible.

Mogens Gilstrup

La mejor manera de combatir a los burócratas consiste en seguir sus normas al pie de la letra.

Cyril Northcote Parkinson

El soldado inglés puede resistirlo todo, salvo el Ministerio de Guerra inglés.

George Bernard Shaw

La Administración es un cuerpo formado por una cabeza vacía unida sin solución de continuidad a un gigantesco aparato digestivo.

Cyril Northcote Parkinson

La organización consiste en impedir que las cosas sigan su curso y que la gente se salga con la suya.

Helmar Nahr

Delante de una ventanilla es donde mejor se ve cómo pasa el tiempo en vano.

Ernst Jünger

Algunas oficina son como los camposantos. En cada puerta se podría escribir: «Aquí reposa el señor Fulano de tal».

Anónimo

El destino de los alemanesconsiste en hacer cola delante de una ventanilla.

El ideal de los alemanes consiste en estar sentados detrás de esa ventanilla.

Kurt Tucholsky

Quien ordena su escritorio es que es demasiado vago para buscar.

Ralph Boller

Las ventanillas: el esfínter de la burocracia.

Wolfram Weidner

Es peligroso contratar a un oficinista demasiado laborioso, porque los demás empleados se pasarán todo el tiempo mirándole.

Henry Ford

Vacaciones: un tiempo libre que se concede a los funcionarios para recordarles que la oficina también se arregla sin ellos.

Anónimo

Nada hay más perjudicial para un funcionario que el exceso de celo puesto que estropea el carácter y enturbia la capacidad de juicio.

Charles-Maurice de Talleyrand

En toda organización hay una persona que sabe por dónde van los tiros. A esa persona hay que descubrirla y echarla, pues de lo contrario la organización no puede funcionar.

Cyril Northcote Parkinson

A tres clases de personas no conviene plantarles cara: a los funcionarios, a los clientes y a las viudas.

Refrán norteamericano

El funcionario cuesta caro tanto por lo que hace como por lo que no hace. Si hace lo que le encargan, continúa en su puesto, y si no lo hace porque es incapaz, continúa también. La mayoría son vagos, pero los trabajadores son igual de dañinos.

Bertolt Brecht

La burocracia destruye la iniciativa. Hay pocas cosas que los burócratas odien más que la innovación, especialmente la innovación que produce mejores resultados que las viejas rutinas. Las mejoras siempre hacen que aquellos que se hallan en la cúspide aparezcan como unos ineptos. ¿A quién le gusta aparecer como inepto?

David Lynch (Dune)

Antes a los funcionarios los fabricaban a mano sus señores padres. Padre y madre creaban al hijo así obtenido, se guardaban mucho, como mandan los cánones, de darle estudios y luego lo colocaban en el cuerpo de funcionarios, donde le aguardaba una existencia limpia, aunque no precisamente opulenta. Hoy en día, en cambio, los funcionarios se fabrican en serie.

Kurt Tucholsky

Sí, efectivamente no estoy hecho para el cargo que ocupo. La culpa no es mía, sino del jefe que me lo encomendó.

Friedrich Schiller

Cubrirse unos a otros en vez de responsabilizarse: ése es el lema implícito de todos los burócratas.

Carl Horber

¿Qué nos da la Administración? La Administración nos da que pensar.

Lothar Schmidt

15

CONTRA POLÍTICOS, GOBERNANTES Y REYES

La más estricta justicia no creo que sea siempre la mejor política.

Abraham Lincoln

Un partido político es la locura de muchos en beneficio de unos pocos.

Alexander Pope

La causa de la libertad se convierte en una burla si el precio que hay que pagar es la destrucción de quienes deberían disfrutar de la libertad.

Mahatma Gandhi

El individuo siempre ha tenido que luchar para evitar ser dominado por la tribu.

Friedrich Nietzsche

Hay políticos que harían campaña hasta en la morgue.

Groucho Marx

Ahora se habla de democracia. Nosotros, los españoles, ya la hemos conocido. Y no nos dio resultado. Cuando otros van hacia la democracia, nosotros ya estamos de vuelta. Estamos dispuestos a sentarnos en la meta y esperar a que los otros regresen también.

Francisco Franco

La guerra es el arte de destruir hombres, la política es el arte de engañarlos.

Jean Alambert

En política, la única posibilidad de ser honesto es siendo aficionado.

Alfonso Guerra

Curiosamente, los votantes no se sienten responsables de los fracasos del gobierno que han votado.

Alberto Moravia

Es peligroso tener razón cuando el gobierno está equivocado.

Voltaire

Uno que no sepa gobernarse a sí mismo, ¿cómo sabrá gobernar a los demás?

Confucio

Casi todos podemos soportar la adversidad, pero si queréis probar el carácter de un hombre, dadle poder.

Abraham Lincoln

La política no tiene entrañas.

Napoleón Bonaparte

La política es el arte de buscar problemas, encontrarlos, hacer un diagnóstico falso y aplicar después los remedios equivocados.

Groucho Marx

Yo no sé si soy un estadista. Lo que es cierto es que, de la política, lo que me interesa es mandar.

Manuel Azaña

El que no se atreve a ser inteligente se hace político.

Enrique Jardiel Poncela

La democracia tiene por lo menos un mérito, y es que un miembro del Parlamento no puede ser más incompetente que aquellos que le han votado.

Bertrand Russell

¿Es que ha visto usted a algún censor que no sea tonto?

Francisco Franco

La gobernabilidad del país no puede depender de grupos a los que el país no les importa.

Fernando Savater

La política se ha llenado de individuos que se reconocen y se promocionan mutuamente con una simple mirada, es la mirada del poder.

Fernando Savater

El nacionalismo es como una ventosidad; algo placentero para quien lo emite, pero desagradable para quien lo siente.

Albert Boadella

En España lo que más abundan son los liberales en conserva. Y así la confusión sigue aumentando.

Fernando Savater

El rey está rodeado de gentes que no piensan sino en divertirlo y en impedir que piense en sí mismo. Porque, por muy rey que sea, es desgraciado si piensa en ello.

Blaise Pascal

Yo soy políticamente incorrecto y la corrección política no es más que la mordaza que antiguamente se llamaba censura e Inquisición. Además yo hablo con palabras de escritor, no con eufemismos de personas que sólo quieren ganar votos.

Fernando Sánchez Dragó

¿Quién se siente desgraciado por no ser rey, sino un rey destronado?

Blaise Pascal

Incluso en el trono más alto, uno se sienta sobre sus propias posaderas.

Michel Eyquem de Montaigne

Cuando se alza un poder ilegítimo, para legitimarlo basta reconocerlo.

Anatole France

Si el partido principal, sea el pueblo, el ejército o la nobleza, que os parece más útil y más conveniente para la conservación de vuestra dignidad está corrompido, debéis seguirle el humor y disculparlo. En tal caso, la honradez y la virtud son perniciosas.

Nicolás Maquiavelo

Cuanto más siniestros son los deseos de un político, más pomposa, en general, se vuelve la nobleza de su lenguaje.

Aldous Huxley

El comunismo hace a la gente más egoísta que ser hijo único.

Federico Jiménez Losantos

Para el que no tiene nada, la política es una tentación comprensible, porque es una manera de vivir con bastante facilidad.

Miguel Delibes

La política es un acto de equilibrio entre la gente que quiere entrar y aquellos que no quieren salir.

Jacques Bénigne Bossuet

La política es el arte de obtener el dinero de los ricos y el voto de los pobres con el pretexto de proteger a los unos de los otros.

Anónimo

La política es un pudridero en el que lo que cuenta positivamente es la resistencia que uno ofrece a la irreversible descomposición.

Albert Boadella

La diferencia entre una democracia y una dictadura consiste en que en la democracia puedes votar antes de obedecer las órdenes.

Charles Bukowski

Los grandes políticos deben su reputación, cuando no a la pura casualidad, a circunstancias que ellos mismos no podían prever.

Otto von Bismark

Los políticos son siempre lo mismo. Prometen construir un puente aunque no haya río.

Nikita Jruschov

Los científicos se esfuerzan por hacer posible lo imposible. Los políticos por hacer lo posible imposible.

Bertrand Russell

El político debe ser capaz de predecir lo que va a pasar mañana, el mes próximo y el año que viene; y de explicar después por qué fue que no ocurrió lo que él predijo.

Winston Churchill

La política es más peligrosa que la guerra, porque en la guerra sólo se muere una vez.

Winston Churchill

En política se está en contacto con la mugre y hay que lavarse para no oler mal.

Enrique Tierno Galván

Hay momentos en la vida de todo político, en que lo mejor que puede hacer es no despegar los labios.

Abraham Lincoln

Ante una lista de candidatos se piensa que, felizmente, sólo puede ser elegido uno.

Noel Clarasó

La democracia es el peor sistema de gobierno diseñado por el hombre. Con excepción de todos los demás.

Winston Churchill

La política es el paraíso de los charlatanes.

George Bernard Shaw

Los políticos son como los cines de barrio, primero te hacen entrar y después te cambian el programa.

Enrique Jardiel Poncela

La política es quizá la única profesión para la que no se considera necesaria ninguna preparación.

Robert Louis Stevenson

Vota a aquel que prometa menos. Será el que menos te decepcione.

William Mitchell Ramsay

He dicho muchas veces que la política es la segunda profesión más baja y me he dado cuenta de que guarda una estrecha similitud con la primera.

Ronald Reagan

La política es el departamento «Espectáculos» de la industria.

Frank Zappa

Si un partido político se atribuye el mérito de la lluvia, no debe extrañarse de que sus adversarios le hagan culpable de la sequía.

Charlotte Morrow

La política es el arte de servirse de los hombres haciéndoles creer que se les sirve a ellos.

Louis Dumur

Es muy difícil hacer compatibles la política y la moral.

Sir Francis Bacon

El mundo está lleno de estadistas a quienes la democracia ha degradado convirtiéndoles en políticos.

Benjamin Disraeli

Cuando un político muere, mucha gente acude a su entierro. Pero lo hacen para estar completamente seguros de que se encuentra de verdad bajo tierra.

Georges Benjamin Clemenceau

Cuanto menos aporta un político, más ama a la bandera.

Kim Hubbard

La política es como patinar sobre ruedas. Se va en parte a donde se desea, y en parte a donde le llevan a uno esos malditos patines.

Anónimo

En política siempre debemos optar entre dos males.

Christopher Morley

Como los políticos nunca creen lo que dicen, se sorprenden cuando alguien sí lo cree.

Charles de Gaulle

Los diplomáticos son personas a las que no les gusta decir lo que piensan. A los políticos no les gusta pensar lo que dicen.

Peter Ustinov

La política es el arte de los incapaces de triunfar en privado.

José Luis de Vilallonga

La política es una casa de putas en la que las pupilas son bastante feas.

Napoleón Bonaparte

Cuando era joven había decidido ser pianista en un burdel o político profesional. A decir verdad, no hay mucha diferencia.

Harry S. Truman

Un buen político es aquel que, tras haber sido comprado, sigue siendo comprable.

Winston Churchill

La perseverancia en las opiniones nunca estuvo considerada como un mérito entre los dirigentes políticos.

Cicerón

En política, un caballero hará tranquilamente cosas por las cuales, en la vida ordinaria, él mismo arrojaría escaleras abajo a quien las hiciese.

Archibald Rosebery

El que sea capaz de hacer crecer dos espigas de cereal o dos briznas de hierba donde antes sólo crecía una habrá servido mejor a la humanidad y habrá hecho más por sus conciudadanos que toda la ralea de los políticos.

Jonathan Swift

En política, lo importante no es tener razón, sino que se la den a uno.

Konrad Adenauer

Yo no soy un político; creo en la libertad. esa es toda mi política.

Charles Chaplin

Con nombres y apellidos

Esperanza Aguirre

Es de las que besan a mediodía y muerden por la noche.

José Bono

José María Aznar

Aznar y Anguita son la misma mierda.

Felipe González

Don Juan Carlos de Borbón

La Reina ha sido una mujer engañada.

Jaime Peñafiel

George W. Bush

Eres un burro, un *donkey, Mr. Danger,* un cobarde, un alcohólico, eres de lo peor que ha habido en este planeta. Dios libre al mundo de esta amenaza, porque psicológicamente es un enfermo, aunque tiene mucho poder.

Hugo Chávez

Desde que Bush ha dejado el alcohol, sólo hace gilipolleces. Lo mismo era un tío cojonudo, pero cuando se emborrachaba.

Joaquín Sabina

Yo sería mejor presidente de EE. UU. que George W. Bush. Bush es un idiota. Soy mejor orador público que él.

Robbie Williams

Jimmy Carter

Creo que Jimmy Carter como presidente es como Truman Capote casándose con Dolly Parton. El empleo es demasiado duro para él.

Rich Little

Depresión es cuando estás sin trabajo. Recesión es cuando un vecino está sin trabajo. Recuperación es cuando Jimmy Carter está sin trabajo.

Ronald Reagan

Hugo Chávez

Hugo Chávez es un payaso lamentable. No es un radical, es un fascista. Es un hombre de extrema derecha disfrazado de izquierdista. Es un engañador.

Carlos Fuentes

Winston Churchill

Asesinaría a su propia madre si pudiese usar su piel para hacer un tambor con el que festejar su propia gloria.

David Lloyd George

Bill Clinton

[y Al Gore] Mi perra *Millie* sabe más de asuntos exteriores que esos dos.

George Bush

Familia Real inglesa

No comprendo la obsesión británica por la Familia Real. Un poco de cianuro en el desayuno nos libraría de esos parásitos.

Steven Patrick Morrisey

María Teresa Fernández de la Vega

Cuánto ganaría la Cámara si usted, María Teresa Fernández de la Vega, que es tan aficionada a disfrazarse de vez en cuando, un día, aunque solamente fuera un día, se vistiera de vicepresidenta de Gobierno y cumpliera con su obligación.

Eduardo Zaplana

Gerald Ford

Ford es un buen tipo, pero jugó demasiado al fútbol americano sin casco.

Lyndon B. Johnson

Nixon se autoinculpó. Y nos dejó a Ford como venganza.

Joan Rivers

Francisco Franco

Prefiero que me arranquen cinco muelas antes de volver a hablar con ese hombre.

Adolf Hitler

Franco era mejor pescador que cazador. No es que se le acotasen los ríos para que pescase más, sino que en los lugares donde pescaba, desde dos o tres días antes, no pescaba ningún otro pescador.

José Solís Ruiz

Franco era una hermanita de los pobres.

Jesús Gil

Me reuní con Franco y, qué quiere que le diga, (...) de lo más aburrido.

Richard Nixon

Alberto Ruiz Gallardón

Gallardón es un hijo de Satanás.

Federico Jiménez Losantos

En lo personal me aburres horrores, Alberto. Eres una ambición con patas, eres un aburrimiento de tío dedicado únicamente al poder.

Federico Jiménez Losantos

Charles de Gaulle

Un megalomaníaco naturalmente sencillo.

H. G. Wells

William E. Gladstone

Si Gladstone cae al Támesis, sería una desgracia; pero si alguien se lanza al agua y lo salva, sería una calamidad.

Benjamin Disraeli

Felipe González

Es patético ver a este pobre hombre instalado en el rencor y que ha quedado reducido a hacer el trabajo sucio de Zapatero.

Ángel Acebes

Adolf Hitler

Si Hitler invadiese el infierno yo, como mínimo, haría una favorable referencia al Demonio en la Cámara de los Comunes.

Winston Churchill

Lyndon B. Johnson

¿Cómo le dice uno al presidente de los Estados Unidos que deje de escarbarse la nariz, de estirar la pierna para tirarse pedos ante la cámara y de decir «mierda de gallina» en cada frase?

Stuart Rosenberg

Gaspar Llamazares

Llamazares es como Papá Pitufo, un señor rojo con barba blanca que todo el mundo cree que no existe.

Andreu Buenafuente

Juan José Montilla

Montilla, célebre analfabeto.

Federico Jiménez Losantos

Richard Nixon

¿Te das cuenta de la responsabilidad que soporto? Soy la única persona interpuesta entre Nixon y la Casa Blanca.

John F. Kennedy

Doña Letizia Ortiz

No soy juancarlista, pero el Rey lo tuvo en su mano... Si hubiera estado Sabino Fernández, o si viviera Don Juan, padre del monarca, el Príncipe Felipe no se habría casado con Letizia Ortiz. Ni Alfonso de Borbón con la chica de Mira quién baila.

Jaime Peñafiel

General Juan Domingo Perón

Perón es el único soldado que ha quemado su bandera y el único católico que ha quemado sus iglesias.

Winston Churchill

Mariano Rajoy

Además de *Maricomplejines* es *Maricretina.*

Federico Jiménez Losantos

Que la blandenguería del PP puede conducir a muchos simpatizantes a partidos de extrema derecha sin duda es uno de los problemas reales que está incubando *Maricomplejines.* La pobre es tonta y no se entera.

Federico Jiménez Losantos

Aunque fuera verdad. Cómo a uno se le ocurre decir: «Soy más alto [que Zapatero], más inteligente, más no sé cuántos»... Y mira que insulta a Zapatero. Y lo menosprecia... ¡Pero si eso sólo se le ocurre decirlo a un imbécil!

Felipe González

Ronald Reagan

Estoy contento de que Reagan sea presidente, por supuesto. Soy humorista profesional.

Will Durst

Un triunfo del arte de un embalsamador.

Gore Vidal

Rodrigo Rato

Sí, es una persona querida y apreciada y sin duda, lo es en parte porque no lo conocen, claro.

Federico Jiménez Losantos

José Luis Rodríguez Zapatero

Zapatero es el que mete a la ETA en las instituciones para que tenga dinero para matar a todo el mundo y los censos electorales de todo el mundo a quien matar y extorsionar.

Federico Jiménez Losantos

El problema es que el presidente del gobierno de España ni es presidente, ni gobierna, ni es de España. Está con los enemigos de España, con los enemigos de la libertad, con la ETA y con el PNV y contra el PP y contra las víctimas del terrorismo.

Federico Jiménez Losantos

Zapatero es de uralita blindada de poliuretano, inasequible a la razón y a la vergüenza nacional.

Federico Jiménez Losantos

Nicolas Sarkozy

Yo he votado a Nicolas Sarkozy, desde entonces duermo mal.

François Léotard

Pedro Solbes

No deja de ser un personaje de segunda, en un puesto de primera, con comportamientos de tercera.

Federico Jiménez Losantos

Margaret Thatcher

¿Qué quiere esa ama de casa? ¿Mis cojones en bandeja?

Jacques Chirac

Sonaba como el Apocalipsis leído a través del sistema de megafonía de una estación de trenes por una locutora de cierta edad con bragas de percal.

Clive James

Margaret Thatcher en lugar de desodorante utiliza Tres en uno.

Alfonso Guerra

16

CONTRA LOS DOGMAS DE FE DE LAS RELIGIONES Y LAS VERDADES ABSOLUTAS

La ciencia es el gran antídoto contra el veneno del entusiasmo y la superstición.

Adam Smith

Las religiones, como las luciérnagas, necesitan de oscuridad para brillar.

Arthur Schopenhauer

Ni siquiera la gente que quiere ir al cielo desea morir para llegar ahí.

Steve Jobs

Mi señor, no tengo necesidad de esa hipótesis.

Pierre Simon de Laplace, al hacerle notar Napoleón que en su Tratado de Mecánica Celeste explicaba el Universo sin mencionar una sola vez a Dios

No creo en una vida más allá, pero, por si acaso, me he cambiado de ropa interior.

Woody Allen

Soy ateo, gracias a Dios.

Luis Buñuel

Prefiero ser un simio a ser un obispo.

Thomas Henry Huxley, dirigido al obispo Wilberforce, después de que éste insultara a Charles Darwin, amigo íntimo de Huxley

En la infancia nuestra credulidad nos sirve de mucho. Nos ayuda a llenarnos la cabeza, con extraordinaria rapidez, con la sabiduría de nuestros padres y ancestros. Pero si no crecemos y superamos esa etapa en la plenitud del tiempo, nuestra naturaleza (...) nos hace un blanco fácil para astrólogos, médiums, gurúes, evangelistas y charlatanes. Necesitamos reemplazar la credulidad automática de la infancia por el escepticismo constructivo de la ciencia adulta.

Richard Dawkins

Una creencia no es simplemente una idea que la mente posee, es una idea que posee a la mente.

Robert Oxton Bolt

¡Triste época la nuestra! Es más fácil desintegrar un átomo que un prejuicio.

Albert Einstein

Intentar debatir con una persona que ha abandonado la razón es como intentar dar medicina a un hombre muerto.

Thomas Paine

La investigación honesta es absolutamente imposible en el ámbito de cualquier Iglesia, en razón de que, si uno cree que la Iglesia está en lo correcto, no investiga, y si cree que está errada, la Iglesia lo investiga a uno.

Robert G. Ingersoll

Toda superstición es igual ya sea sobre astrología, sueños, presagios, juicio retributivo, o similares, en todos los creyentes engañados observan eventos que se cumplen, pero se niegan a ver sus fallas, aunque sean mucho más comunes.

Sir Francis Bacon

No creo que exista noción de Dios, no creo que exista nada sobrenatural. Decir que alguien es ateo es de por sí religioso, y yo no creo que nadie sepa a qué se lo está contraponiendo. No es que yo no crea en Dios, es que no sé qué es Dios, y el que cree tampoco lo sabe.

Fernando Savater

El agnosticismo simplemente significa que una persona no dirá que sabe o cree aquello para lo que no tiene bases para sostener que cree.

Aldous Huxley

El cristianismo podría ser bueno, si alguien intentara practicarlo.

George Bernard Shaw

Podemos perdonar fácilmente a un niño que teme a la oscuridad; la tragedia real de la vida es cuando los hombres temen a la luz.

Platón

La ignorancia es preferible al error; y está menos lejos de la verdad quien no cree nada, que quien cree algo que es incorrecto.

Thomas Jefferson

El cristianismo ha hecho mucho por el amor convirtiéndolo en pecado.

Anatole France

Cuando el cristianismo se convierte en instrumento del nacionalismo, queda herido en su corazón y se convierte en estéril.

Juan Pablo II

La Iglesia nos pide que al entrar en ella nos quitemos el sombrero, no la cabeza.

G. K. Chesterton

Los más obstinados suelen ser los más equivocados, por no haber aprendido a dudar.

Samuel Butler

La ignorancia produce confianza más frecuentemente que el conocimiento: son aquellos que saben poco, no los que saben mucho, los que con tanta seguridad afirman que tal o cual problema no será resuelto nunca por la ciencia.

Charles Darwin

Todas las instituciones nacionales de iglesias, sean judías, cristianas o turcas, me parecen a mí no más que invenciones humanas, creadas para asustar y esclavizar a la humanidad, y monopolizar el poder y las ganancias.

Thomas Paine

Es algo curioso que Dios aprendiera griego cuando quiso hacerse autor, y que no lo aprendiera mejor.

Friedrich Nietzsche

Donde termina el conocimiento, comienza la religión.

Benjamin Disraeli

Todo el problema con el mundo es que los tontos y los fanáticos siempre están tan seguros de sí mismos, y la gente inteligente tan llena de dudas.

Bertrand Russell

Ninguna afirmación debe ser creída sólo porque sea hecha por una autoridad.

Hans Reichenbach

Si Dios me hiciera tan sólo una simple señal, como hacer un ingreso a mi nombre en un banco...

Woody Allen

Dios es un pobre diablo, con un problema demasiado complicado para sus fuerzas. Lucha con la materia como un artista con su obra. Algunas veces, en algún momento logra ser Goya, pero generalmente es un desastre.

Ernesto Sábato

Si vamos a enseñar «ciencia de la creación» como una alternativa a la evolución, entonces también deberíamos enseñar la teoría de la cigüeña como alternativa a la reproducción biológica.

Judith Hayes

Aquellos que anuncian que luchan en favor de Dios son siempre los hombres menos pacíficos de la Tierra. Como creen percibir mensajes celestiales, tienen sordos los oídos para toda palabra de humanidad.

Stefan Zweig

Ese que marcha feliz siguiendo la música de las masas ya se ha ganado mi desdén. A ése le han dado un cerebro grande por error, ya que con la columna vertebral le había bastado.

Albert Einstein

De todas las tiranías que afectan a la humanidad, la tiranía en la religión es la peor. Todas las otras especies de tiranías están limitadas al mundo en que vivimos, pero ésta intenta saltar más allá de la tumba y busca perseguirnos en la eternidad.

Thomas Paine

La autoridad tiene todas las razones para temer al escéptico, porque la autoridad rara vez sobrevive frente a la duda.

Robert Lindner

Creo en el Dios de Spinoza, que nos revela una armonía de todos los seres vivos. No creo en un Dios que se ocupe del destino y las acciones de los seres humanos.

Albert Einstein

Dios prefiere a la gente corriente, por eso ha hecho tanta.

Abraham Lincoln

Yo no sé si Dios existe, pero si existe, sé que no le va a molestar mi duda.

Mario Benedetti

El mejorador del conocimiento natural rehúsa absolutamente reconocer la autoridad como tal. Para él, el escepticismo es el más alto de los deberes, la fe ciega es un pecado imperdonable.

Thomas Henry Huxley

Es fácil estar seguro de algo. Sólo hay que ser lo suficientemente perezoso.

Charles S. Pierce

Digo que ambos somos ateos. Yo sólo creo en un dios menos que tú. Cuando entiendas por qué tú deshechas todos los otros posibles dioses, entonces entenderás por qué yo deshecho el tuyo.

Stephen F. Roberts

Cuando Dios creó el mundo vio que era bueno. ¿Qué dirá ahora?

George Bernard Shaw

Desconozco si Dios existe, pero sería mejor para su reputación que no existiera.

Jules Renard

Dios existe, pero a veces duerme: sus pesadillas son nuestra existencia.

Ernesto Sábato

Dios ha muerto. Parece que lo mataron los hombres.

Friedrich Nietzsche

Si un hombre empieza con certidumbre, termina en dudas, pero si estuviera conforme de comenzar con dudas, terminaría en certidumbre.

Sir Francis Bacon

Seguir precedentes tontos y guiñar con nuestros dos ojos es más fácil que pensar.

William Cowper

Cuanta mayor la ignorancia, mayor el dogmatismo.

Sir William Osler

Para rezar a Dios con devoción no hace falta creer en Dios según los dogmas de ninguna religión.

William Somerset Maugham

La verdad no demanda creencias. Los científicos no unen sus manos cada domingo, cantando: «¡Sí, la gravedad es real! ¡Tendré fe! ¡Seré fuerte! ¡Creo en mi corazón que lo que sube tiene que bajar! ¡Amén!». Si lo hicieran, pensaríamos que están bastante inseguros de ello.

Dan Barker

Ningún testimonio es suficiente para establecer un milagro, a menos que el testimonio sea de tal tipo, que su falsedad sea más milagrosa que el hecho que trate de establecer.

David Hume

Alicia se rió: «No tiene sentido intentarlo —dijo—. No se puede creer en cosas imposibles». «Yo más bien diría que es cuestión de práctica —dijo la reina—. Cuando yo era joven, practicaba todos los días durante media hora. Muchas veces llegue a creer en seis cosas imposibles antes del desayuno».

Lewis Carroll

(Alicia en el País de las Maravillas)

Ningún sistema religioso que tenga en él algo que conmocione la mente de un niño puede ser un sistema verdadero.

Thomas Paine

El gran enemigo de la verdad muchas veces no es la mentira: deliberada, confabulada, y deshonesta, sino el mito: persistente, persuasivo, e irrealístico.

John F. Kennedy

Quien no razona es un fanático; quien no puede es un tonto; quien no se atreve es un esclavo.

William Drummond

Si no estudias Teología, eso no querrá decir que no tengas ideas acerca de Dios, sino que tendrás muchas equivocadas.

C. S. Lewis

Negar a Dios será la única forma de salvar el mundo.

Friedrich Nietzsche

El hombre dice de Dios aquello que cree de sí mismo.

Ludwig Feuerbach

Dios es el único ser que para reinar no tuvo ni siquiera necesidad de existir.

Charles Baudelaire

La contrarréplica usual para alguien que dice «Se rieron de Colón, se rieron de Galileo» es decir «Pero también se rieron de Bozo el Payaso».

Carl Sagan

Se avanza contestando preguntas. Se descubre cuestionando respuestas.

Bernhard Haisch

Si tú me puedes probar que se ha hecho un milagro, yo creeré en un Dios justo que nos condenó a todos porque una mujer se comió una manzana.

Edward Fitzgerald

La realidad es aquello que, cuando uno deja de creer en ello, no desaparece.

Philip K. Dick

Para ti soy ateo. Para Dios, la oposición.

Woody Allen

Lo terrible en cuanto a Dios, es que no se sabe nunca si es un truco del diablo.

Jean Anouilh

Una idea no es responsable por la gente que cree en ella.

Don Marquis

Mi práctica como científico es atea. Es decir, cuando preparo un experimento asumo que ningún dios, ángel o demonio va a interferir en su curso, y esta suposición se ha visto justificada por el éxito que he alcanzado en mi carrera profesional. Por tanto, sería intelectualmente deshonesto si no fuera también ateo en cuanto a los asuntos del mundo.

John Burdon S. Haldane

Si pensar libremente por uno mismo es un boleto seguro al infierno, las conversaciones en el cielo deben ser terriblemente aburridas.

Dr. Weirde

El escepticismo es el primer paso hacia la verdad.

Denis Diderot

La duda modesta es llamada el faro del sabio.

William Shakespeare

Las religiones también son como el vino: hay gente a la que le sienta mal y gente a la que le sienta bien. Hay personas que con dos copas se vuelven locuaces, abiertas y desinhibidas; otros se vuelven brutos y groseros con la misma cantidad. Con la religión, hay gente que mejora y se purifica y para otros es una fuente de resentimiento, mojigatería y condena a los demás.

Fernando Savater

Si Jesucristo volviera hoy y viese lo que se ha hecho en su nombre, no pararía de vomitar.

Woody Allen (Hanna y sus hermanas)

La Iglesia dice que la Tierra es plana, pero yo sé que es redonda; pues he visto su sombra en la luna y tengo más fe en una sombra que en la Iglesia.

Fernando de Magallanes

Los que de veras buscan a Dios dentro de los santuarios se ahogan.

Proverbio árabe

Tomas de Aquino reclamaba que Dios no podía hacer un triangulo cuyos ángulos interiores no sumaran 180 grados. Pero Bolyai y Lobachevsky fueron capaces de lograr esta tarea (en una superficie curva) en el siglo XIX, y no eran ni dioses aproximados.

Carl Sagan

Allí donde Dios erige una iglesia, el demonio siempre levanta una capilla; y si vas a ver, encontrarás que en la segunda hay más fieles.

Daniel Defoe

El miedo a las cosas invisibles es la semilla natural de lo que cada quien en sí mismo llama religión.

Thomas Hobbes

¿Crees en Dios? Si crees en Él existe; si no crees, no existe.

Máximo Gorki

El mundo es una sinfonía, pero Dios toca de oído.

Ernesto Sábato

En cada país y cada era, el sacerdote ha sido hostil a la libertad.

Thomas Jefferson

El hombre, en su orgullo, creó a Dios a su imagen y semejanza.

Friedrich Nietzsche

El hecho de que una opinión haya estado muy difundida no es prueba alguna de que no sea totalmente absurda; y por cierto, en vista de lo tonta que es la mayoría de la humanidad, una creencia extendida tiene más posibilidades de ser necia que de ser sensata.

Bertrand Russell

La vida es sólo un vistazo momentáneo de las maravillas de este asombroso universo, y es triste que tantos la estén malgastando soñando con fantasías espirituales.

Carl Sagan

Demasiada duda es mejor que demasiada credulidad.

Robert G. Ingersoll

¿Es el hombre sólo un fallo de Dios, o Dios sólo un fallo del hombre?

Friedrich Nietzsche

La convención social más curiosa de la gran era en que vivimos es aquélla según la cual hay que respetar las opiniones religiosas. Esto las protege y así proceden con su habladuría sin interferencias para el daño del sentido común y la decencia. Que deban tener esta inmunidad es una ofensa. No hay nada en las ideas religiosas, como clase, para elevarlas sobre otras ideas. Al contrario, son siempre dudosas y frecuentemente bastante bobas.

Henry-Louis Mencken

Siempre que la filosofía se ha ocupado de la religión ha terminado en el escepticismo.

Samuel Taylor Coleridge

La divinidad está en ti, no en conceptos o en libros.

Hermann Hesse

Puede que nuestro papel en este planeta no sea alabar a Dios sino crearlo.

Arthur C. Clarke

Una mente crédula… encuentra el mayor deleite en creer cosas extrañas y, cuanto más extrañas son, más fácil le resulta creerlas; pero nunca toma en cuenta las que son más sencillas y posibles, porque todo el mundo puede creerlas.

Samuel Butler

Repite muchas veces una sandez y terminarás creyendo en ella.

Edgar Allan Poe

Uno disputa, discute, lucha por algo que es incierto, por algo de lo que duda. ¡Oh, hombres! ¿No es eso una locura?... Debemos trazar una línea de distinción entre los que son capaces de verificación y los que no lo son, y separar con una barrera inviolable el mundo de los seres fantásticos del mundo de las realidades; es decir, debe eliminarse todo efecto civil de las opiniones teológicas y religiosas.

C. F. Volney

Yo no pongo mi ignorancia en un altar y la llamo Dios.

Robert Charles Wilson

Si quieres salvar a tu hijo de la polio puedes rezar o puedes vacunarlo... Aplica la ciencia.

Carl Sagan

Haces a Dios mil ofensas, como dices, de ordinario, y con rezar un rosario, ¿sin más ir al cielo piensas?

Miguel de Cervantes

En realidad, prefiero la ciencia a la religión. Si me dan a escoger entre Dios y el aire acondicionado, me quedo con el aire.

Woody Allen

Sin el Hombre, no hay Dios. Pues sólo el Hombre puede ser tan vanidoso, para creer que para él se hizo todo el universo.

Javier Correa

Hasta donde recuerdo, no hay una sola palabra en las Escrituras alabando la inteligencia.

Bertrand Russell

El hecho de que un creyente sea más feliz que un escéptico no implica más que el decir que un ebrio es más feliz que alguien sobrio.

George Bernard Shaw

Dios no habría alcanzado nunca al gran público sin ayuda del diablo.

Jean Cocteau

17

CONTRA TODO UN POCO

(O CÓMO REPARTIR A DIESTRO Y SINIESTRO)

El que se erige en juez de la verdad y el conocimiento se ve desalentado por las carcajadas de los dioses.

Albert Einstein

Dígase lo que se diga del cambio climático, el tiempo no ha cambiado.

Federico Jiménez Losantos

No voy a dejar de hablarle sólo porque no me esté escuchando. Me gusta escucharme a mí mismo. Es uno de mis mayores placeres. A menudo mantengo largas conversaciones conmigo mismo, y soy tan inteligente que a veces no entiendo ni una palabra de lo que digo.

Oscar Wilde

Es mejor ser pirata que alistarse en la Marina estadounidense.

Steve Jobs

Perdona siempre a tu enemigo. No hay nada que le enfurezca más.

Oscar Wilde

Inteligencia militar: dos términos contradictorios.

Groucho Marx

Lo menos frecuente en este mundo es vivir. La mayoría de la gente existe, eso es todo.

Oscar Wilde

A la mayoría de las personas prefiero darles la razón rápidamente antes que escucharlas.

Montesquieu

No harán muy grandes cosas los vacilantes que dudan de la seguridad.

George Eliot

Mucha gente piensa, o por lo menos siente, que el que no tiene sus hábitos y sus entusiasmos es un enemigo. A mí me parece lógica la intransigencia tratándose de ideas esenciales.

Pío Baroja

Se podrían engendrar hijos educados, si los padres fuesen educados.

Johann Wolfgang von Goethe

El secreto de la vida es la honestidad y el juego limpio, si puedes simular eso, lo has conseguido.

Groucho Marx

Haría cualquier cosa por recuperar la juventud… Excepto hacer ejercicio, madrugar, o ser un miembro útil de la comunidad.

Oscar Wilde

Si hoy fuese el último día de mi vida, ¿querría hacer lo que voy a hacer hoy? Y si la respuesta es «no» durante demasiados días seguidos, sé que necesito cambiar algo.

Steve Jobs

La humanidad, partiendo de la nada y con su solo esfuerzo, ha llegado a alcanzar las más altas cotas de miseria.

Groucho Marx

Decir que todas las culturas son igualmente respetables equivale a afirmar que da lo mismo cruzar un río por un puente que en balsa o andando por el fondo con una piedra pesada en los brazos.

Fernando Savater

Nunca olvido una cara pero, en su caso, haré una excepción.

Groucho Marx

El hombre que tiene miedo sin peligro inventa el peligro para justificar su miedo.

Alain Emilie Chartier

Un estadounidense no tiene sentido de la intimidad, no sabe lo que significa. En este país no existe.

George Bernard Shaw

La fuerza del carácter con frecuencia no es más que debilidad de sentimientos.

Arthur Schnitzler

Lo único capaz de consolar a un hombre por las estupideces que hace es el orgullo que le proporciona hacerlas.

Oscar Wilde

Disculpen si les llamo caballeros, pero es que no los conozco muy bien.

Groucho Marx

¡Oh envidia, raíz de infinitos males y carcoma de las virtudes!

Miguel de Cervantes

Éstos son malos tiempos. Los hijos han dejado de obedecer a sus padres y todo el mundo escribe libros.

Ciceron

Cuando muera quiero que me incineren y que el diez por ciento de mis cenizas sean vertidas sobre mi empresario.

Groucho Marx

Era ese tipo de persona que se pasa su vida haciendo cosas que detesta para conseguir dinero que no necesita y comprar cosas que no quiere para impresionar a gente que odia.

Emile Henry Gauvreay

Es importante mantener la mente abierta, pero no tanto como para que se te caigan los sesos.

Stephen A. Kallis, Jr.

Los hombres mediocres, que no saben qué hacer con su vida, suelen desear el tener otra vida infinitamente más larga.

Anatole France

A menudo es fatal vivir demasiado tiempo.

Jean Racine

No, el éxito no se lo deseo a nadie. Le sucede a uno lo que a los alpinistas, que se matan por llegar a la cumbre y cuando llegan, ¿qué hacen? Bajar, o tratar de bajar discretamente, con la mayor dignidad posible.

Gabriel García Márquez

Creo que he encontrado el eslabón perdido entre el animal y el hombre civilizado. Somos nosotros.

Konrad Lorenz

Sólo una persona inepta rinde siempre al máximo de sus posibilidades.

William Somerset Maugham

El sol brilla en todas partes, pero algunos no ven más que sus sombras.

Arthur Helps

El problema de nuestros tiempos es que el futuro ya no es lo que era.

Paul Valéry

Fijaos en mí: trabajando he conseguido pasar de la nada a la más absoluta pobreza.

Groucho Marx

Uno puede estar a favor de la globalización y en contra de su rumbo actual, lo mismo que se puede estar a favor de la electricidad y contra la silla eléctrica.

Fernando Savater

No quiero pertenecer a ningún club que me admita como socio.

Groucho Marx

Todos los hombres son dioses para su perro. Por eso hay tanta gente que ama a los perros más que a los hombres.

Aldous Huxley

Los jóvenes hoy en día son unos tiranos. Contradicen a sus padres, devoran la comida y le faltan al respeto a sus maestros.

Sócrates

Un niño prodigio es alguien que sabe tanto de niño como de mayor.

Will Rogers

El maestro que intenta enseñar sin inspirar en el alumno el deseo de aprender está tratando de forjar un hierro frío.

Horace Mann

El día que la mierda valga algo, los pobres nacerán sin culo.

Gabriel García Márquez

Todas las madres y todas las patrias nos quieren pequeños para que seamos más suyos.

Fernando Savater

El secreto de la felicidad es tener gustos sencillos y una mente compleja, el problema es que a menudo la mente es sencilla y los gustos son complejos.

Fernando Savater

El insensato que reconoce su insensatez es un sabio. Pero un insensato que se cree sabio es, en verdad, un insensato.

Buda

Que cada hombre construya su propia catedral. ¿Para qué vivir de obras de arte ajenas y antiguas?

Jorge Luis Borges

Antes de iniciar la labor de cambiar el mundo, da tres vueltas por tu propia casa.

Proverbio chino

Pocos son entre los hombres los que llegan a la otra orilla; la mayor parte corre de arriba abajo en estas playas.

Buda

No hay peor sordo que el que no quiere oír.

Refrán

¿No es extraño? Los mismos que se ríen de los adivinos se toman en serio a los economistas.

Anónimo

Mucha gente no puede ni emanciparse, es decir, no puede ni darse cuenta de la esclavitud en que le mantiene las ideas en medio de las cuales se ha educado.

Samuel Butler

Siempre tendremos razones para estar enfadados, pero esas razones rara vez serán buenas.

Benjamin Franklin

El hombre que no se contenta con poco no se contenta con nada.

Epicuro de Samos

Los ángeles pueden volar porque se toman a sí mismos a la ligera.

G. K. Chesterton

No todos los ojos cerrados duermen, ni todos los ojos abiertos ven.

Bill Cosby

Mercaderes e industriales no deben ser admitidos a la ciudadanía, porque su género de vida es abyecto y contrario a la virtud.

Aristóteles

La penicilina se descubrió por casualidad, el Napalm no.

Jaume Perich

Cuídate de los que sólo ven desorden en el ruido y paz en el silencio.

Otto von Bismark

Los necios admiran, los sensatos aprueban.

Alexander Pope

Al comprar una casa, piensa en el vecino que adquirirás con ella.

Proverbio

La moda muere joven.

Jean Cocteau

Si el acreedor pensara más en la otra vida, el deudor lo pasaría mejor en ésta.

León Daudí

El soldado bisoño lo cree todo perdido desde que es derrotado una vez.

Simón Bolívar

Lo horrible de este mundo es que buscamos con el mismo ardor el hacernos felices y el impedir que los demás lo sean.

Conde de Rivarol

A los que corren en un laberinto, su misma velocidad los confunde.

Séneca

Deja de arañar la corteza; hay fruta madura en tu frente.

Henry David Thoreau

Cuando un ciego grita a otro ciego, los dos tropiezan en la misma piedra.

Vincent Van Gogh

El modernismo es la actitud de quien no cree en lo que cree.

Charles Péguy

No hay cristales de más aumento que los propios ojos del hombre cuando miran su propia persona.

Alexander Pope

La gente cortesana suele ser dura con sus inferiores, porque instintivamente ejerce represalias de las humillaciones perpetuas a que se ve sometida en los palacios.

Amado Nervo

Nada parece tan verdadero que no pueda parecer falso.

Michel Eyquem de Montaigne

A la proporción, semejanza, unión e identidad del infinito no te acercas más siendo hombre que siendo hormiga.

Giordano Bruno

Las máquinas, siendo por sí incapaces de lucha, han logrado que el hombre luche con ellas.

Samuel Butler

Cuatro cosas no pueden ser escondidas durante largo tiempo: la ciencia, la estupidez, la riqueza y la pobreza.

Averroes

¡Oh, insensatos afanes de los mortales! ¡Qué débiles son las razones que nos inducen a no levantar nuestro vuelo de la Tierra!

Dante Alighieri

Quien discute sobre si se puede matar a la propia madre no merece argumentos sino azotes.

Aristóteles

Los grilletes de oro son mucho peores que los de hierro.

Mahatma Gandhi

La cabeza de muchas personas de alta estatura se parece a las casas; el piso más alto es el peor amueblado.

Sir Francis Bacon

La diferencia entre un civil y un militar es que el primero siempre puede militarizarse, pero el segundo rara vez puede civilizarse.

Georges Benjamin Clemenceau

Propio es de todo hombre imbécil hacerse el astuto.

Georges Courteline

Sería absurdo que nosotros, que somos finitos, tratásemos de determinar las cosas infinitas.

René Descartes

La indiferencia hace sabios y la insensibilidad monstruos.

Denis Diderot

Aunque personalmente me satisfaga que se hayan inventado los explosivos, creo que no debemos mejorarlos.

Winston Churchill

En las grandes cosas los hombres se muestran como les conviene mostrarse. En las pequeñas como son.

Nicolas Chamfort

Darse no tiene sentido más que si uno se posee.

Albert Camus

La respuesta a cualquiera que hable de «exceso de población» es preguntarle si él mismo es parte de ese exceso de población, o si no lo es, cómo sabe que no lo es.

G. K. Chesterton

Tarea delicada la de apaciguar muchedumbres, porque hacer mucho puede ser tan funesto como no hacer nada.

Thomas Carlyle

Hay quien porque golpea la pared con un martillo se cree clavar clavos.

Johann Wolfgang von Goethe

La rueda más estropeada del carro es la que hace más ruido.

Esopo

Llamamos peligrosos a los que poseen un espíritu contrario al nuestro, e inmorales a los que no profesan nuestra moral.

Anatole France

La mayoría nunca tiene razón.

Henrik Ibsen

Afortunadamente, no tenemos por qué parecernos a nuestros retratos.

Anatole France

El que compra lo superfluo pronto tendrá que vender lo necesario.

Benjamin Franklin

El hombre descontento no encuentra silla cómoda.

Benjamin Franklin

Pedir prestado no es mucho mejor que mendigar, así como el prestar con usura no es gran cosa menos que robar.

Gotthold Ephraim Lessing

El pesar y la pobreza purifican el corazón del hombre, aunque nuestras mentes débiles no ven nada de valor en el universo, salvo la comodidad y la felicidad.

Khalil Gibran

Sólo el hombre íntegro es capaz de confesar sus faltas y de reconocer sus errores.

Benjamin Franklin

Ciertos hombres de mal corazón creen reconciliarse con el cielo cuando dan una limosna.

Georg Christoph Lichtenberg

El que no se posee a sí mismo es extremadamente pobre.

Ramón Llull

En realidad, los seguros de vida son seguros de muerte.

Ramón Gómez de la Serna

Los asnos prefieren la paja al oro.

Heráclito de Éfeso

Los hombres intentan purificarse manchándose de sangre. Es como si, después de haberse manchado con barro, quisieran limpiarse con barro.

Heráclito de Éfeso

No tardará en transigir con el fin quien está dispuesto a transigir con los medios.

Arturo Graf

Nunca llegamos a hacernos a la idea de que contamos menos para los demás de lo que ellos cuentan para nosotros.

Graham Greene

Exposición, crítica y apreciación son labores de mentes de segunda fila.

Godfrey H. Hardy

Al oír un eco muchos creen que el sonido proviene de él.

Ernest Hemingway

El mito de Santa Claus es una de las formas más efectivas de intimidar a los niños, socavar su autoestima, retorciendo su comportamiento, torciendo sus valores y deteniendo el desarrollo de sus aptitudes de pensamiento crítico.

Tom Flynn

El hombre puede ser un escéptico sistemático; pero entonces no puede ser ya ninguna otra cosa; y ciertamente tampoco un defensor del escepticismo sistemático.

G. K. Chesterton

Índice

Los mejores chistes de la guerra de sexos

Samuel Red

¡A pesar de todo, el matrimonio sigue de moda! Ni contigo ni sin ti. Así que llegó la hora de plantearse la Gran Pregunta: ¿de verdad existe la media naranja? Y si existe, ¿cómo se apaña el matrimonio para convertir la media naranja en medio limón? Sólo hay algo que está muy claro: La guerra de sexos ha comenzado.

Los mejores chistes de humor negro

Samuel Red

Estas páginas encierran los mejores chistes del «lado oscuro del humor»: desde el extremo más sombrío y sus chistes sobre funerales, enfermedades terminales, discapacidades, situaciones desesperadas, injustas, dolorosas… hasta el negro *light* tirando a gris, con las reacciones más descabelladas y desternillantes ante la visita de la suegra. Risas garantizadas. A tumba abierta.

Los mejores chistes del mundo 3

Samuel Red

Ya lo dice el refrán: No hay dos sin tres. Si te reíste con el primero, si creías que no se podía superar el segundo, volvemos a sorprenderte. *Los mejores chistes del mundo 3* te pondrá al día de los chistes más novedosos y actualizados que Samuel Red, pluma en ristre, ha recopilado para tí en un incansable trabajo a base de disfrutar de tertulias, corrillos y en cualquier otro lugar donde reine el buen humor.